CHARLES RABOT

La TERRE DE FEU

D'après le Dr OTTO NORDENSKJÖLD

LA
TERRE DE FEU

LE DOCTEUR NORDENSKJÖLD ET SES COMPAGNONS DE VOYAGE

CHARLES RABOT

LA
TERRE DE FEU

D'APRÈS

LE D' OTTO NORDENSKJÖLD

OUVRAGE CONTENANT 55 GRAVURES
ET UNE CARTE TIRÉE HORS TEXTE

LIBRAIRIE HACHETTE ET Cⁱᵉ
PARIS, 79, BOULEVARD SAINT-GERMAIN
1902

INTRODUCTION

Jusqu'à une date toute récente, la Patagonie et la Terre de Feu étaient demeurées complètement inconnues. Heureusement pour les géographes, des difficultés sont survenues entre la république Argentine et le Chili, à propos de la délimitation de leurs frontières à travers ces immenses territoires, et, afin d'aplanir ce conflit, les gouvernements intéressés ont dû entreprendre la reconnaissance méthodique des régions litigieuses. Dans cette œuvre l'Argentine a eu une part prépondérante ; le docteur Moreno et ses collaborateurs du Musée de la Plata ont parcouru et relevé toute la portion de la Cordillère des Andes qui sépare les deux républiques. Un travail aussi considérable n'a pu être complet du premier coup, et, sur des contrées étendues de la pointe méridionale de l'Amérique du Sud, nos connaissances sont encore aujourd'hui très imparfaites. Ces circonstances ont déterminé un distingué naturaliste suédois, le docteur Otto Nordenskjöld, neveu du célèbre voyageur arctique qui vient d'être enlevé à la science, à entreprendre une exploration scientifique de la Terre de Feu.

Sur cette région, un Scandinave, plus que tout autre, peut rapporter des observations de la plus grande importance. Située dans l'hémisphère austral à une latitude correspondant à celle de la Suède méridionale, elle présente au naturaliste connaissant parfaitement les terrains et les conditions biologiques de l'extrémité septentrionale de l'Europe, les éléments d'un parallèle du plus haut intérêt entre les terres boréales de l'ancien monde et les terres australes du nouveau continent. A côté de cette question d'un ordre général, que de problèmes curieux à étudier à l'extrémité insulaire de l'Amérique du Sud !

La Terre de Feu, dont la superficie est égale à celle de la Suisse et de la Belgique réunies, offre deux aspects absolument différents : d'un côté, d'immenses plaines, de l'autre, des massifs d'âpres montagnes, dentelés de fjords, et dans ce cadre les contrastes les plus frappants, les oppositions les plus extraordinaires ! Des forêts de myrtes et de magnolias peuplées de perroquets et de colibris, une végétation et une faune méridionales, et, à côté, des bras de mer parsemés, en plein été, de glaces flottantes : un paysage polaire au milieu de forêts qui évoquent le souvenir des régions ensoleillées.

En France, on sait les difficultés matérielles que rencontrent toutes les entreprises scientifiques du genre de celle que projetait le docteur O. Nordenskjöld. Nos Universités ne disposent pas, comme les établissements similaires étrangers, de fondations permettant aux chercheurs de poursuivre au loin leurs recherches sur le terrain, et chez nous l'initiative privée, si prompte dans certains cas, demeure le plus souvent indifférente aux œuvres qui ont pour objet l'étude de la terre.

A l'étranger, au contraire, les explorateurs ne font jamais en vain appel à la générosité de leurs concitoyens. En Suède, notamment, ils sont toujours assurés de compter sur la libéralité de Mécènes, et longue serait la liste des voyages qui ont été exécutés dans ces conditions. Toutes les expéditions scientifiques qui, depuis quarante ans, ont porté si haut le renom de la Suède, n'ont pu être menées à bien que grâce au concours de l'initiative privée.

Aussi, suffit-il au docteur O. Nordenskjöld de

faire connaître l'intérêt de son voyage pour qu'il reçût la promesse de subventions de la part de l'Université d'Upsal, de la Société de Géographie de Stockholm et de généreux donateurs, parmi lesquels on doit citer le regretté baron Oscar Dickson, le Mécène de toutes les expéditions arctiques suédoises pendant plus de trente ans. Grâce à ce concours, le docteur Otto Nordenskjöld put s'adjoindre deux naturalistes : un botaniste, l'ingénieur P. Dusen, et un zoologiste, M. Axel Ohlin, l'un et l'autre ayant fait leurs preuves dans de précédentes explorations sous les latitudes les plus diverses. La mission une fois constituée, chacun de ses membres se mit en route de son côté. Rendez-vous était pris à Buenos-Aires.

LA TERRE DE FEU

CHAPITRE I

De Buenos-Aires à la Terre de Feu. — El Paramo. — En
route pour Punta-Arenas. — A la recherche de squelettes
d'Indiens.

APRÈS un séjour de trois mois à Buenos-Aires,
le 21 novembre 1895, le D' Otto Nordenskjöld
quittait la capitale de l'Argentine, à bord d'une
canonnière chargée de transporter la commission
de délimitation dans la Patagonie méridionale.
Le docteur partait, accompagné d'un ancien
attaché à cette commission, nommé Backhausen,
dont la connaissance du pays et de ses habitants
devait lui être d'un grand secours.

De Buenos-Aires à la Terre de Feu, le voyage
fut long, coupé par plusieurs escales, puis inter-
rompu par une chasse à un bâtiment qui pour-
suivait des phoques à fourrure en contravention

avec les règlements. On fit escale à Puerto-Madryn, près d'une florissante colonie agricole située à l'embouchure du Chubut, une des localités les

POSTE DE POLICE DE SAN SÉBASTIAN

plus sèches de la terre. La chute annuelle des pluies n'y dépasse guère vingt centimètres. Plus loin, on visita Puerto-Deseado, sur le bord d'une plaine infinie, recouverte d'une maigre végétation, le paysage typique de la Patagonie centrale. Le sol est constitué par une couche d'argile, parsemée de cailloux roulés, polis par le frottement des sables que chasse la brise. Durant le séjour

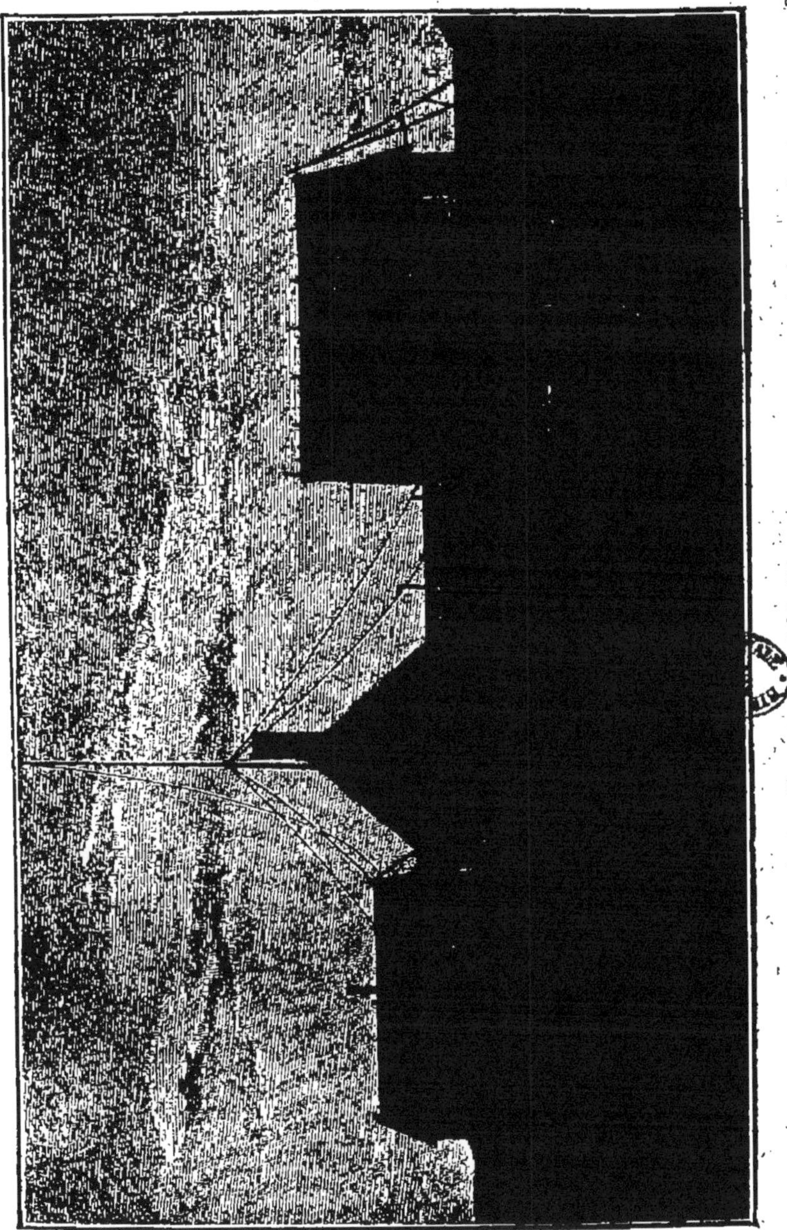

EL PÁRAMO

LE DOCTEUR NORDENSKJÖLD

de l'expédition dans cette localité éclata une tempête de sable. « Telle était la violence du vent, qu'il rendait impossible la marche en sens inverse de sa direction, et qu'il chassait des trombes de poussière et de sable, même des cailloux. Pendant un instant, raconte Nordenskjöld, le ciel fut complètement obscurci ; les particules minérales nous aveuglaient, pénétraient dans les oreilles, dans le nez, à travers les vêtements et nous meurtrissaient le visage. Le phénomène fut très court. Sur cette plaine, on voit l'action du vent, laquelle donne naissance à d'énormes tourbillons, mais on ne l'entend point; cette immensité plate ne porte aucun arbre, aucune haute plante qui s'oppose aux mouvements de l'air. »

Finalement, après une lente traversée de quinze jours, le voyageur suédois débarquait sur la Terre de Feu, à El Páramo, à l'entrée de la baie San Sebastian.

Dans tout pays, l'organisation d'une caravane est laborieuse; ici en raison du manque de ressources et des habitudes indolentes des indigènes, elle fut singulièrement ardue. Seulement après de longues négociations, un guide, José Diaz, fut engagé, puis treize mules et cinq chevaux. Une nombreuse cavalerie était, en effet, nécessaire pour transporter les bagages, qui n'étaient pas précisément légers. Outre les tentes et les effets de campement, ne fallait-il pas emporter des approvisionnements relativement considérables pour alimenter la caravane dans ce désert?

Le 11 décembre, Nordenskjöld se mettait en route pour entamer l'exploration de la Terre de Feu. A Punta-Arenas, sur les bords du détroit

de Magellan, se trouvaient ses deux collaborateurs, MM. Dusen et Ohlin, ainsi qu'un jeune
Suédois du nom d'Åkerman, que les hasards
d'une vie aventureuse avaient conduit dans l'Argentine et qui avait été engagé comme prépara-
teur de zoologie. Pour rejoindre ses compagnons,
le chef de l'expédition se dirigea vers Porvenir,
sur la côte Ouest de l'île, d'où, une fois par semaine, un petit vapeur part pour la capitale des
Terres magellaniques.

Afin de ne pas manquer ce paquebot, M. Nordenskjöld prit les devants, confiant à Backhausen la direction de la caravane, qui, pesamment
chargée, ne pouvait marcher rapidement. D'El
Páramo à Porvenir, on a le choix entre plusieurs
itinéraires ; en cette fin de décembre, c'est-à-dire
au début de l'été austral, les plus directs sont
peu praticables; aussi l'explorateur suédois ré-
solut de suivre la route la plus longue, mais
la plus facile, laquelle longe la côte.

La première étape se termina à l'embouchure
de l'Alfa, un ruisseau qui se jette dans la mer,
près de la pyramide la plus septentrionale de la
ligne de démarcation entre le Chili et l'Argentine.
Au Nord d'El Páramo, le terrain est accidenté
de monticules abrupts ; par contre, au pied des

falaises, sur le sol très ferme d'une vaste plage argileuse, absolument unie, les chevaux peuvent galoper à fond de train. En trois ou quatre heures, à cette allure, on parcourut quarante-cinq kilomètres.

Plus loin, le paysage devient indifférent ; une plaine herbue, parsemée de broussailles dans les endroits abrités. Puis, voici Springhill, une des plus importantes *estancias* de la Terre de Feu. Depuis quelques années, des *settlers* écossais se sont établis dans cette région perdue pour se livrer à l'élevage en grand du mouton. L'essai a parfaitement réussi. Le troupeau de Springhill ne compte pas moins de 25 000 têtes.

Le lendemain éclata une furieuse tempête. La pointe méridionale de l'Amérique est le pays par excellence des ouragans. La Patagonie, le cap Horn, les Pampas, la Terre de Feu, quelle que soit la diversité de leurs aspects, présentent tous le même régime atmosphérique. Les jours calmes y sont l'exception. Et avec quelle force souffle le vent dans ces parages ! A peine peut-on se tenir à cheval ; à chaque instant les rafales menacent de vous enlever de votre selle. Malgré l'ouragan, M. Nordenskjöld se mit en route, mais après cinq heures de marche, il dut s'arrêter dans une cabane au bord du rio del Oro. Au milieu de cette solitude venteuse habite un autre *settler* anglais, un ancien ingénieur des mines ; poussé par cet esprit d'entreprise, si commun chez les Anglo-Saxons, il a tout abandonné pour venir s'installer dans ce désert atroce.

La tempête apaisée, notre voyageur n'était pas pour cela hors d'embarras. Une autre difficulté s'opposait maintenant à sa marche rapide. Tout le terrain compris entre le rio del Oro et Porvenir, large d'environ 80 kilomètres, est miné de terriers de *cururos*, un petit rongeur de la taille d'un gros rat. Ces mammifères, qui vivent par milliers dans les pampas de la Terre de Feu, criblent partout le sol de galeries, sauf dans les parties les plus sèches des plateaux de graviers. Sur ce terrain impossible de galoper. Pour ne pas culbuter dans ces trous, les chevaux indigènes ont adopté un trot particulier, se laissant glisser tantôt sur une jambe, tantôt sur une autre : une allure absolument dépourvue d'agrément ; à tout moment, on a l'impression de tomber. Quoi qu'il en soit, M. Nordenskjöld parvint à Porvenir, sur les bords du détroit de Magellan. Cette localité se compose d'une *estancia* et d'une vingtaine de baraques, magasins, bureau de poste, habitations de fonctionnaires ; grâce à son port, c'est la station la plus importante du Nord de la Terre de Feu. Le chenal d'accès ne laisse passer que des navires calant de 3 mètres à 3 m. 50 ; s'il était approfondi, travail qui serait assez facile, il rendrait de très grands services. Sur toute l'étendue de la côte plate de l'Amérique du Sud, il n'existe pas un meilleur abri.

Après avoir rallié MM. Dusen, Ohlin et Åkerman, la mission se trouvait au complet. De Porvenir, on revint dans le Nord. Sur les bords de la baie de Gente Grande, un menuisier allemand, en train de construire une maison, raconta aux voyageurs que, dans les environs, quatre mois auparavant, un Chilien avait tué un Indien. Aussitôt, les explorateurs suédois résolurent de se mettre en quête du cadavre ; une telle pièce serait de la plus haute valeur dans leur collection anthropologique. Le menuisier affirmait connaître la position de la tombe, il pourrait y aller les yeux fermés. Sur cette assurance, on se mit en route, on galopa toute la journée, et, comme cela arrive neuf fois sur dix, le guide ne put trouver ni la tombe, ni son chemin. Passe encore si les explorateurs avaient seulement perdu leur temps, mais l'expédition faillit avoir un ré-

sultat tragique. La petite troupe revenait à
Gente Grande, lorsque tout à coup la sous-ven-
trière du cheval d'Ohlin se rompit. Il n'y a plus
que quelques pas à faire, le cavalier ne se préoc-
cupe donc pas de l'accident, mais, un instant
après, la monture fait un brusque écart. La selle
tourne et l'explorateur culbute par terre, le pied
engagé dans l'étrier ; en même temps le cheval
part à fond de train. Le malheureux va subir le
supplice de Brunehaut. Le chef de caravane pi-
que aussitôt des deux, rejoint le cheval emporté,
et, d'un coup de couteau tranche l'étrivière, arra-
chant ainsi l'infortuné cavalier à la mort la plus
cruelle. Heureusement, il n'y avait pas le moindre
caillou à la surface du sol ! Ohlin fut simplement
contusionné.

Le lendemain, la caravane, continuant sa route, arriva à Springhill. De là, Nordenskjöld et
Backhausen entreprirent une nouvelle excursion
à la recherche de squelettes d'Indiens. Dans
cette course, ils traversèrent le relief désigné
sur la carte sous le nom de Serranias del Norte.
Or, sur cet emplacement n'existent ni collines,
ni monticules ; simplement une plaine infinie,
haute d'environ 200 mètres.

Très curieux le panorama que l'on embrasse

vers le Nord du sommet de ce renflement. « A
perte de vue, raconte M. Nordenskjöld, une
plaine; tout au bout, de petits monticules, pareils

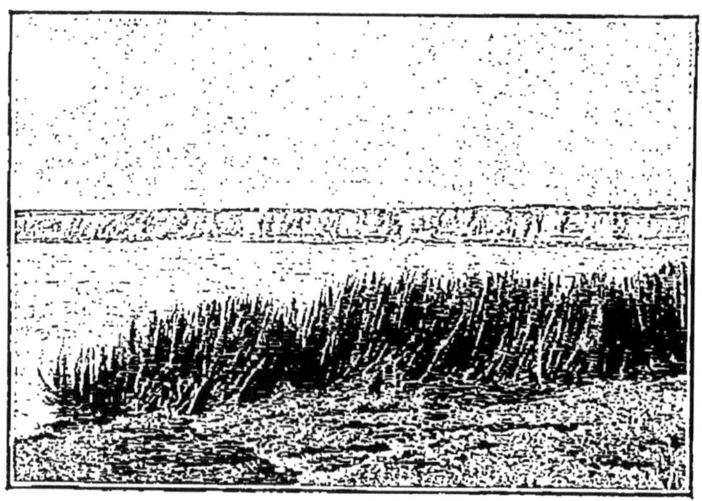

LAGUNE DANS LA STEPPE

à des dunes, entre lesquels bleuit le détroit de
Magellan, tantôt large comme un grand fjord,
tantôt réduit aux dimensions d'un fleuve. Et, à
l'horizon de cette perspective infinie, les cônes
des volcans patagons. Une impression de calme,
de solitude, de terre lointaine, sous la radieuse
clarté d'un été ensoleillé.

« Le sol paraît absolument plat, uni comme un
plancher; aussi, grand est l'étonnement lorsque,

tout à coup, on arrive au bord d'un ravin dont aucun mouvement de terrain n'a décelé l'existence : il semble que la terre se soit fendue brus-

quement. Au fond de ces creux se tortille un petit ruisselet; parfois il y a une mare entourée de grandes herbes et d'une floraison blanche de *Senecio*. »

Cette fois, la chasse aux crânes fut couronnée de succès. Dans un vallon, au milieu de bouquets de *mata blanca*, les explorateurs trouvèrent trois cadavres d'Indiens. Sans perdre un instant, les explorateurs se mirent à l'œuvre, et, transformant ce petit coin riant en un lugubre amphithéâtre d'anatomie, se mirent à dépecer les corps avec leurs couteaux. Une véritable scène d'anthropophagie au nom de la science! Si vous voulez vous procurer les sensations de l'assassin, transformez-vous en collectionneur de crânes.

Après cette expédition heureuse, Nordenskjöld et Backhausen rejoignirent leurs compagnons à Páramo.

CHAPITRE II

A Páramo la caravane se partagea en deux es-
couades, afin de permettre à chacun des naturalistes de poursuivre ses recherches sur le terrain
le plus favorable à leur succès. Ohlin demeura à
Páramo pour entreprendre en mer des excur-
tions zoologiques, tandis que Nordenskjöld et
Dusen se dirigeaient vers la mission située à
l'embouchure du rio Grande, où ce dernier se
proposait de recueillir des collections botaniques.

Le 9 janvier 1896, la petite troupe rejoignait
la baie de San Sebastian et immédiatement s'a-
cheminait droit au Sud, à travers la plaine déli-
mitée par cette nappe d'eau et la Bahia Inutil.
C'est la seule région basse, un peu étendue, de la
Terre de Feu. Couverte dans sa plus grande par
tie d'une herbe drue, elle pourrait, elle aussi,
nourrir des milliers de moutons. Dans l'Est, elle
est d'une désolante aridité, formée d'une nappe

d'argile grise, absolument nue ; çà et là seulement apparaissent de petits monticules couverts de plantes salicoles et de coquilles, notamment de *Voluta magellanica*, la plus grande coquille des mers australes. Au milieu de cette immensité d'une uniformité désespérante, la seule note gaie est donnée par des lagunes ; à moitié desséchées pendant l'été, elles s'emplissent au printemps, et forment une immense nappe à l'aspect de bras de mer.

Dans l'extrême Sud, de même que dans le haut Nord, le ciel ne fond pas toujours en froid et pénétrant crachin ; de temps à autre, le ciel sourit et le soleil flambe dans une douce tiédeur. Le 9 janvier fut une de ces belles journées qui laissent une trace lumineuse dans le souvenir du voyageur. Dès le matin, le thermomètre s'élevait à 20°, une des plus hautes températures que l'expédition suédoise ait observées et, dans toutes les directions, l'air surchauffé produisait les visions trompeuses du mirage et de la *fata morgana*. Devant la caravane la réfraction faisait miroiter des lacs et des bras de mer enveloppés d'une végétation exubérante. Des heures on galope et jamais on n'atteint les rives de cet océan produit par une illusion d'optique. Tout à coup, au milieu de cette

apparition décevante, se découvre un grand objet
tout blanc; autour, d'autres taches blanches plus
petites. Est-ce une cabane ou une grosse pierre

PLAINE VOISINE DE LA BAIE SAN SEBASTIAN

entourée de moutons? On approche et l'on se
trouve en présence d'un ossement de baleine en-
vironné de coquilles.

Mais bientôt le ciel noircit; subitement, quelques éclairs déchirent les nuages et un orage terrible se déchaîne, accompagné d'une trombe de
grêle. Cinglés, les chevaux prennent peur et refusent d'avancer: ils ne sont habitués ni à ces
éclairs aveuglants, ni aux éclats fulgurants de la
foudre. Dans cette région, les orages sont extrê-

mement rares et ne se produisent qu'à des intervalles de plusieurs années. La tourmente fut heureusement courte, le soleil reparut et, grâce à la brise constante qui souffle sur la plaine, vêtements et bagages furent bientôt secs.

De l'autre côté de la dépression qui s'étend de la baie de San Sebastian à la Bahia Inutil, le terrain forme un massif accidenté dont l'altitude ne dépasse pas toutefois trois cents mètres. Afin d'éviter ces collines, la caravane suivit la plage au pied de la falaise. Une coupe géologique aussi nette que celles qui sont figurées dans un manuel, le *barranca* de San Sebastian! Il montre à nu toutes ses assises, laissant voir, en maints endroits, des gisements de fossiles. Ici, comme dans l'extrême Nord, il s'est produit, à une époque géologique relativement récente, une variation de climat très importante. Pendant les temps tertiaires, cette région, aujourd'hui absolument nue, était couverte de forêts de hêtres; à cette période chaude a succédé une phase froide pendant laquelle les glaciers des Andes se sont étendus jusqu'à l'Océan Atlantique.

Il y a quatorze ou quinze ans, cette contrée a été le centre de laveries d'or très actives. Dans aucune autre partie de la Terre de Feu, la recherche du

BARRANCA DE SAN SEBASTIAN

précieux métal n'a donné des résultats aussi abondants. L'or se trouve ici sur la plage même où il est rejeté par les tempêtes et dans le lit des

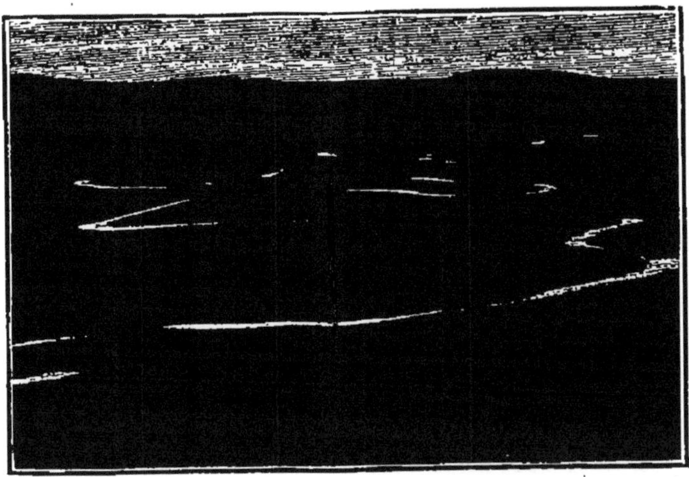

LE RIO CARMEN SYLVA A SON EMBOUCHURE

petits ruisseaux qui découlent de la falaise; sans se donner le moindre mal, en passant, on recueille des pépites.

Après une nuit de bivouac au cap San Sebastian, la caravane poursuivit sa route au Sud. La traversée du rio Carmen Sylva, large, à son embouchure, d'environ trente mètres, un des plus importants cours d'eau de la Terre de Feu, fut le seul fait digne de mention avant d'arriver à la mission du rio Grande. Au milieu du désert, les Salésiens

ont fondé ici un établissement où ils recueillent
les jeunes Indiens des deux sexes. Les filles sont
soignées par des sœurs dans un bâtiment spécial ;

durant tout leur séjour à la mission les explorateurs suédois ne purent apercevoir une seule de
ces enfants. Les Salésiens ont commencé leur
apostolat en 1888, par la fondation d'une école à
Port-Harris, dans l'île Dawson (détroit de Magellan), qui appartient au Chili. En 1894, ils éten-
dirent leur action sur le territoire argentin et
établirent la mission de Rio-Grande. Les enfants apprennent l'espagnol et reçoivent l'instruction primaire ; aux filles on enseigne des travaux

INDIGÈNES FUÉGIENS DEMI-CIVILISÉS DE LA MISSION DE RIO GRANDE

manuels, aux adultes différents métiers, tels que ceux de briquetier, de scieur ou de menuisier.

Laissant M. Dusen à Rio-Grande pour poursuivre ses études botaniques, le 18 janvier, M. O. Nordenskjöld s'achemina vers l'intérieur de la Terre de Feu. La caravane, composée de cinq hommes, était armée de carabines et de revolvers, pour parer à une attaque des Indiens, quelque improbable que fût, du reste, pareil événement. Dans le même but on emmenait deux chiens pour la chasse au guanaco, qui, la nuit, devaient remplir le rôle de sentinelles. Des mules et chevaux étaient chargés de vingt jours de vivres; au de là de Rio-Grande, c'était le désert et l'inconnu.

« La carte indique des montagnes, des lacs, des rivières, raconte notre voyageur, mais tous ces détails topographiques ne sont que le produit de l'imagination des cartographes. Ainsi à la place d'un grand lac, près de Rio-Grande, je découvris une colline boisée, la plus haute de ces parages; du sommet d'un hêtre, situé au point culminant et d'où la vue s'étendait sur toute la région, je ne pus même découvrir aucune nappe.

« Au Sud de Rio-Grande commence la forêt; à travers sa masse épaisse nous allons maintenant nous frayer un passage vers la Cordillère, vers le lac Fagnano, un grand bassin découvert récemment et qu'aucun naturaliste n'a encore visité. La route est tracée par une vallée tributaire du rio Grande, celle du rio Santa Candelaria, ainsi que je l'ai appelée en l'honneur de la sainte à laquelle est consacrée la mission.

« Cette rivière est remarquable par la multiplicité de ses méandres, comme, du reste, la plupart des cours d'eau des terres magellaniques : elle se replie sur elle-même en sinuosités absolument inextricables, si bien qu'en coupant la vallée, on doit franchir le cours d'eau trois, quatre et même cinq fois. Plus haut, le rio se divise en un grand nombre d'embranchements qui s'enfoncent dans la Cordillère. Tous ces cours d'eau coulent à travers des vallées très encaissées, dans des lits remarquablement étroits, littéralement enfouis dans des *canyons* en miniature. Les escarpements de ces ravins sont formés de matériaux meubles ; aussi, malgré leur étroitesse, constituent-ils de véritables obstacles. Souvent, pendant des heures, on doit chercher un passage et, lorsque finalement on l'a découvert, à peine une mule a-t-elle mis le pied sur la berge qu'elle s'effondre sous son poids et que la malheureuse bête s'en va rouler dans la fondrière.

LE RIO GRANDE PRÈS DE SON EMBOUCHURE

« .... Sur ces dernières terres australes s'épanouit une végétation absolument luxuriante, d'une fraîcheur merveilleuse. Quel contraste avec la monotonie de la région située plus au Nord! De tous côtés d'immenses pelouses veloutées, sillonnées de ruisselets, parsemées de futaies de hêtres antarctiques. Cette essence, le *Fagus pumilio*, qui ne dépasse guère la taille de cinq à huit mètres, pousse des branches de ses racines mêmes et prend ainsi l'aspect d'une demi-sphère de verdure. Autour de ce parc anglais, des collines, également couvertes de futaies de hêtres, forment un encadrement, et dans le lointain bleuissent deux hautes chaînes de montagnes, la première boisée, l'autre, beaucoup plus haute, mouchetée de taches de neige.

« Souvent au milieu de la forêt s'ouvre une clairière noire, tranchée par l'incendie. Sur le sol roussi se tortillent, dans des attitudes grimaçantes de squelettes, des troncs carbonisés, éclatés, dont la vue laisse une impression de souffrance et de mort. Ces incendies sont allumés par les Indiens. Si Magellan avait visité ces parages, on comprendrait le motif qui l'a déterminé à donner à cette île le nom de Terre de Feu..

« De temps à autre un guanaco poussé par la

curiosité s'approche; aussitôt les chiens partent comme des flèches et derrière eux un ou deux arrieros. Il ne faut pas laisser échapper pareille occasion ; c'est le souper de la caravane.

« La traversée des brûlés, la chasse au *guanaco* sont les seuls incidents du voyage. Des jours et des jours nous marchons : partout le même paysage et toujours la même vie uniforme. De bonne heure on est debout, puis, après un léger déjeuner, commence le paquetage, la plus ennuyeuse besogne de la journée. Sous toutes les latitudes, c'est le même travail énervant qui vous fait perdre les meilleures heures et excède les hommes, avant même qu'ils aient fait un pas. Pour charger les mules, au moyen de branchages, on improvise un *corral* ; une fois les animaux dans cette enceinte, on leur enveloppe la tête dans une serviette, afin de les faire demeurer tranquilles. Après quoi on place sur leur dos les bâts garnis d'épaisses peaux de moutons, puis les charges, qu'il est, bien entendu, nécessaire d'amarrer solidement. Cette opération est la plus délicate. Souvent au moment de fixer la dernière sangle ou de faire le dernier nœud, la bête bondit et prend le galop, semant d'un côté la tente, de l'autre la batterie de cuisine. Après ces détails le lecteur comprendra que

VÉGÉTATION DE LA PARTIE ORIENTALE DE LA TERRE DU FEU

les étapes ne puissent dépasser sept à huit heures par jour.

« A l'approche des montagnes, la marche devient plus difficile. Maintenant les belles pelouses rencontrées pendant les premiers jours du voyage sont remplacées par des marais et par des fondrières ; à chaque pas les bêtes s'affaissent dans la vase ; on n'a pas le temps de courir au secours de l'une qu'une autre s'enlize. Ailleurs le sol est tout parsemé de trous, dissimulés sous la végétation, produits par le suintement des sources ;

ZONE DE TRANSITION ENTRE LA FORÊT ET LE PAMPA

leur existence n'est révélée que par la teinte verte
plus claire des plantes qui les recouvrent. »

Un extrait du journal de route de M. O. Nordenskjöld montre les difficultés du voyage.

« *24 janvier*. — Le matin, épais brouillard, qui
se dissipe dans la journée. Paquetage laborieux.
Backhausen, parti en reconnaissance, revient en
annonçant la découverte d'une piste de guanacos,
excellente, dit-il ; la caravane pourra la suivre
aisément. Sur cette assurance on se met en route...
Le chemin découvert par notre éclaireur conduit à
un bourbier où l'une après l'autre les bêtes s'en-

FOUGÈRES DE LA TERRE DE FEU

lizent. Pour les dégager, plusieurs mules doivent être complètement déchargées. Impossible de passer de ce côté. Il faut faire un pénible détour et remonter jusqu'à la lisière de la forêt, au prix de difficultés inouïes. Après cela seulement, le terrain devient meilleur. Nous traversons un superbe bois, un véritable parc. Au bout, un nouveau marais, puis au delà de ce bourbier, un monticule boisé dont l'escalade épuise les animaux. Plus loin, le fourré est tellement épais que l'on ne peut avancer qu'en frayant un sentier à la hache. Finalement, voici encore un marais. Les mules ne peuvent plus mettre un pied devant l'autre ; dans ces conditions ordre est donné de camper. Du bivouac la vue est magnifique sur les montagnes, mais l'installation sur ce sol détrempé laisse fort à désirer.

« ... Il serait fou d'emmener plus loin le convoi ; l'une après l'autre les bêtes de somme tomberaient pour ne plus se relever. Je prends donc le parti de laisser le convoi sous la garde des *arrieros* et d'escalader la colline qui se trouve devant nous.

« Sur les premières pentes la forêt est extrêmement épaisse, formée d'énormes arbres mesurant plusieurs mètres de tour ; entre leurs troncs un taillis constitue un enchevêtrement inextricable. Au prix de difficultés énormes je réussis à me frayer un passage et à atteindre le sommet.

« Un panorama immense s'offre à mes yeux. Vers le Nord, le regard s'étend jusqu'au cap Sunday, embrassant une mer houleuse de forêts, striée par les rubans scintillants des cours d'eau. Vers le Sud, un paysage tout différent : une large vallée bordée de très hautes montagnes dont quelques-unes portent un étincelant manteau de neige. Dans cette dépression coule une rivière qui va se perdre dans un lac.

« La nappe que nous apercevons, le lac Solier, est enveloppée de hautes montagnes, une des chaînes de la Cordillère des Andes. Au milieu de cette épaisse muraille s'ouvre un profond défilé par lequel coule vers l'Ouest l'émissaire du lac ; cette rivière va rejoindre un second bassin dont nous n'apercevons que des lambeaux, évidemment le lac Fagnano. Les terres basses situées au Nord paraissent, au contraire, très pauvrement arrosées ; au Nord-Ouest, on découvre seulement, au pied des monts, quelques petites lagunes auxquelles je donne le nom de *Lagunas suecas*, lagunes suédoises, en souvenir de notre expédition.

« Nous avons ainsi découvert une route directe de Rio-Grande au lac Fagnano, déterminé la position du lac Solier et exploré à tous les points de vue l'itinéraire suivi. Il n'eût servi de rien de poursuivre notre marche vers l'Ouest, et rapidement nous rebroussâmes chemin vers la côte Est. Le 31 janvier, nous arrivions à Rio-Grande et le 8 février, à Páramo. »

CHAPITRE III

A la recherche du lac Fagnano.

L E 16 février, le vapeur *Condor* amenait Ohlin à Páramo ; immédiatement Nordenskjöld s'embarquait sur ce navire et gagnait Punta-Arenas où il arrivait le 29 février.

De là les explorateurs suédois se proposaient d'atteindre le lac Fagnano par le canal de l'Amirauté, afin de poursuivre, sur les bords de cette nappe, les recherches. qu'ils avaient entamées sur le versant Est de la Cordillère des Andes. Avec la plus grande amabilité le gouverneur chilien mit à leur disposition le *Condor*, mais les jours passaient et jamais il n'était question du départ du navire. Un beau soir, cependant, Nordenskjöld fut prévenu que le vapeur appareillerait le lendemain matin à huit heures. Il n'y avait pas une minute à perdre pour être prêt à l'heure dite ; toute la nuit fut consacrée à faire le paquetage ; mais, comme il arrive souvent en pareil cas, on oublia les choses les plus essentielles ; c'est ainsi qu'une fois en mer on s'aperçut que l'on avait laissé à terre la provision de viande.

En quittant Punta-Arenas, on suit la côte Nord-Ouest de la Terre de Feu. Un paysage lugubre, un horizon de rochers nus ; pas la moindre trace de végétation. Au delà de la Bahia Inutil, la scène change, et bientôt se découvre un panorama merveilleux. Non, les récits des voyageurs n'ont point exagéré la beauté grandiose de la côte occidentale de la pointe suprême de l'Amérique du Sud. C'est le sublime poignant qui émeut et étreint même les plus rebelles aux sensations que donne la nature : La mer pénètre au milieu des terres en un fjord encore plus grandiose que ceux de Norvège. Le canal de l'Amirauté est long de soixante kilomètres et large de cinq environ. A mesure que l'on avance, le chenal se resserre ; une impression de grand lac au milieu de montagnes. A l'Ouest les cimes neigeuses des îles Dawson et Wickham ; à l'Est, une chaîne de montagnes dont les sommets, d'abord mous et fuyants, se transforment peu à peu en aiguilles décharnées ; enfin au Sud un massif de colosses neigeux.

Le 24 février au soir, le *Condor* arrivait à l'embouchure de l'Azopardo, l'émissaire du lac Fagnano ; le lendemain, les explorateurs débar-

GLACES FLOTTANTES DANS LES CANAUX OUEST DE LA PATAGONIE

quaient. Les provisions et les instruments chargés sur un canot, immédiatement Nordenskjöld et Ohlin se mirent en devoir de remonter l'Azopardo, en halant leur embarcation à la corde. Le premier jour, tout marcha pour le mieux, mais le lendemain la situation changea. La rivière devenant très rapide entre des rives escarpées, couvertes d'une végétation presque impénétrable, seulement au prix d'un labeur épuisant il était possible de gagner quelques mètres.

A chaque pas, le passage est barré par des troncs, et nulle part le pied n'est solide, heurtant à tout moment des souches mortes, pourries, recouvertes de mousses glissantes. Au milieu de ce fouillis de branchages le halage du canot est épuisant. Néanmoins, trois jours durant, les explorateurs s'acharnent à ce travail.

A mesure que les voyageurs avancent, les difficultés augmentent. Les voici maintenant devant une cascade. Impossible de faire passer le canot par dessus cet obstacle. Dans ces conditions, Nordenskjöld doit se diriger à pied vers la Cordillère comprise entre le Fagnano et le canal du Beagle, une région absolument inconnue.

« Nous prenons nos instruments, quelques vêtements pour nous protéger du froid des nuits, et des vivres pour quatre jours, après cela en route, écrit Nordenskjöld. La chaleur est forte et non sans peine nous nous frayons un passage à travers la forêt vierge. Seulement à quelques centaines de mètres au-dessus de la rivière, la végétation devient moins touffue... bientôt il n'y a plus que des broussailles. Plus on s'élève, plus naturellement elles deviennent rabougries; à l'altitude de 500 mètres, ce ne sont que des souches rampant sur le sol, dont les branches ne s'élèvent pas à plus d'un pouce au-dessus de terre.

« Plus haut encore, cette humble végétation ligneuse disparaît; c'est la zone des plantes alpines, des graminées et des mousses; plus haut encore, il n'y a plus qu'un monde de rochers nus, crevassés, se délitant en arène que les torrents glaciaires entraînent, en laissant le sol couvert de monceaux de cailloux roulés. A l'altitude de 7 à 800 mètres, se montrent les premières plaques de neige persistantes. Finalement nous atteignons une crête dominée en arrière par une autre crête dont nous sommes séparés par un vallon.

« Nous dégringolons au fond du ravin, puis remontons sur l'arête. Là, nouvelle déception; une troisième crête encore plus haute s'élève devant nous. Nous la gravissons, et par derrière, nous découvrons une vallée très profonde au milieu de laquelle serpente une grande rivière, le rio Bedbeber, affluent du lac Fágnano.

« A nos pieds s'ouvre une *quebrada (Kessel-thal)*, tapissée par des plaques de neige. De ces névés sort un affluent du rio Bedbeber. Ce dernier cours d'eau est alimenté par les glaciers d'une chaîne située en arrière, probablement le principal relief de cette portion des Andes. Au Sud-Ouest, apparaissent de très hautes montagnes, toutes couvertes de glaces, le massif de Darwin, le plus élevé de la Terre de Feu. »

Le phénomène glaciaire revêt ici une très grande puissance. Nulle part ailleurs dans le monde, les glaciers n'atteignent le niveau de la mer à une latitude aussi voisine de l'Equateur. Sur la côte du Chili, par 46° de latitude Sud, le front d'un grand courant de glace est baigné par l'Océan, alors que, sous le même parallèle, à la Nouvelle-Zélande, les glaciers s'arrêtent à une certaine hauteur au-dessus de la mer. Dans l'hémisphère boréal, il faut avancer sur la côte Ouest de l'Amérique jusqu'au 57° de latitude Nord et jusqu'à la pointe méridionale du Grönland (60°

de latitude Nord) pour trouver des glaciers trempant leur pied dans l'Océan [1].

Le versant méridional du massif de Darwin est le siège d'une glaciation très intense, donnant naissance à une série de puissants glaciers plus ou moins indépendants. Tel celui de Yendegaya et celui des Avalanches ; ce dernier produit des glaces flottantes et atteint une longueur de 10 à 12 kilomètres. Sur le versant Sud-Est du mont Darwin existe également un énorme massif glaciaire, en face de la pointe Est de l'île Gardar ; il en descend un large courant qui se termine à un kilomètre de la mer par une falaise haute de cinquante mètres environ. Ce glacier était précédé, en 1896, d'une haute moraine couverte de végétation forestière. Mais c'est dans la presqu'île Cloué (île d'Hoste) que la glaciation paraît atteindre son maximum d'intensité. Le glacier Fouqué, originaire de ce massif, forme, au niveau de la mer, une falaise large de 200 mètres et haute de 50. Dans cette région, des « glaciers morts »,

1. Le Jökulfsjeld, en Laponie, indiqué dans tous les manuels de géographie comme atteignant le niveau de la mer, ne descend pas aussi bas ; mais, par suite de sa situation au-dessus d'une falaise dominant à pic un fjord, il donne naissance à des éboulements de glace qui tombent à la surface du fjord et le parsèment d'*icebergs* en miniature.

c'est-à-dire recouverts d'un épais manteau de débris morainiques, sont fréquents à l'altitude de 800 à 1 000 mètres, mais n'atteignent point de très grandes dimensions.

Après cette digression, revenons au récit. Nous avons laissé Nordenskjöld et son compagnon perchés sur une crête au-dessus du rio Bedbeber. Dans la pensée de pousser plus loin leurs investigations, ils prennent le parti de descendre dans cette dépression, mais, tandis qu'ils dévalent, la nuit survient. Point de tente ; on installe le bivouac derrière une murette en pierres sèches, mais voici que, tout à coup, s'abattent sur eux des rafales de neige fondante. Impossible d'allumer le moindre feu ; toute la nuit il faut recevoir l'averse glacée, et, le matin, lorsqu'elle cesse, c'est un brouillard froid et pénétrant. Les malheureux voyageurs sont transpercés et pas la moindre rechange ! Dans l'après-midi seulement, ils peuvent atteindre le bas de la vallée. Le compagnon de Nordenskjöld était un Argentin habitué aux longues chevauchées à travers la pampa ; à cheval il ne redoutait aucune fatigue, mais il avait suffi de ces quelques jours de marche en montagne pour le mettre à bas. Dans ces conditions, Nordenskjöld s'aventura seul sur les montagnes.

Dans ce monde désert où le chasseur n'avait jamais paru, à la vue du voyageur les guanaques arrivaient sans défiance en troupes nombreuses et le suivaient sur les talons. Une impression de Paradis terrestre!

Après une journée de pénible escalade, Nordenskjöld atteignit une haute crête; là une nouvelle déception l'attendait. De l'autre côté s'ouvrait une vallée presque aussi profonde que celle du rio Bedbeber, et dans aucune direction le canal du Beagle, qui, cependant, ne devait pas être éloigné, n'apparaissait. Ces efforts ne furent heureusement pas perdus; de cette pénible expédition le voyageur rapporta la carte de la région parcourue, notamment du col conduisant à la baie de Lapataya.

Le 10 mars, la mission suédoise ralliait le *Condor* et deux jours après Punta-Arenas.

CHAPITRE IV

L'EXTRÉMITÉ méridionale de l'Amérique présente deux aspects complètement différents. Vers l'Est, derrière une côte uniforme et inhospitalière, s'étalent d'immenses plaines, les fameuses Pampas, tandis que, à l'Ouest, le puissant relief de la Cordillère des Andes se dresse, rongé et déchiqueté par la mer en un inextricable réseau de fjords et d'archipels. Du côté de l'Argentine, c'est un morne désert, toujours pareil. Passez le détroit de Magellan : de l'autre côté, vous trouvez un second désert, mais celui-ci dominé par une variété d'horizons montagneux, souvent absolument extraordinaires.

De retour à Punta-Arenas, M. Nordenskjöld partit visiter une des régions les plus curieuses des Andes de Patagonie. Cette puissante chaîne se compose de deux crêtes longitudinales, séparées par de profondes dépressions ouvertes également dans la direction du méridien, et morcelées par des vallées de fracture orientées perpendiculairement à l'axe du relief. Occupées dans le Nord par des vallées, ces dépressions sont, à l'extrémité du continent, remplies par le Pacifique. Entre d'admirables crêtes, l'Océan s'insinue par d'étroits goulets au milieu des terres et vient remplir les cavités taillées au milieu des montagnes. Tél le fameux fjord de l'Ultima Esperanza ; ce bras de mer coupe, dans toute son épaisseur, la Cordillère des Andes et vient se terminer au bord occidental de la pampa patagone. L'Ultima Esperanza est uni à l'Océan par un canal extrêmement étroit, le Kerke Narrows, qui d'un bord à l'autre ne mesure pas plus de cent mètres de large. Comme dans les fjords norvégiens, les remous de la marée déterminent dans ce passage un courant de foudre contre lequel les vapeurs les plus puissants ne peuvent lutter.

Sur les bords de cette baie, Nordenskjöld fit une récolte très intéressante. Quelque temps avant son arrivée, à quelques kilomètres du rivage, des membres Argentins de la Commission de délimitation avaient découvert une grotte et y avaient trouvé des fragments d'une peau d'animal très épaisse ainsi qu'un squelette humain. Dans cette

HUTTE ET PIROGUE D'INDIENS DES CANAUX

caverne, longue d'environ 200 mètres, haute de 30
et large de 50, des fouilles livrèrent au voyageur
suédois plusieurs morceaux de peau et une touffe
de poils. Rapportés en Suède, ces échantillons
furent reconnus par des naturalistes, comme appartenant à un tardigrade gigantesque, aujourd'hui
éteint, le *Neomylodon Listai*, qui aurait été con-
temporain de l'homme. Depuis, des recherches
paléontologiques, entreprises dans cette localité,
ont étendu les découvertes d'Otto Nordenskjöld.
Le cousin de notre voyageur, M. Erland Nordenskiöld, le fils du célèbre explorateur mort récemment, visita, en 1899, les bords de l'Ultima
Esperanza et y fit d'importantes trouvailles. Outre
la caverne d'Eberhardt où furent mis à jour les
vestiges du soi-disant *Neomylodon* existent, sur
les bords de ce goulet, plusieurs grottes, notamment celle du Glossotherium et celle des Indiens.
D'après le jeune savant suédois, les fragments de
peau, découverts à l'Ultima Esperanza, appartiennent au *Glossotherium Darwinii*, lequel ne
serait autre que le *Neomylodon Listai* d'A-
meghino [1].

1. E. Nordenskiöld, *Iaktaggelser och fynd i grottor vid
Ultima Esperanza i Sydveska Patagonien*, in *K. Svenska
Vetenskaps Akademiens Handlingar*. XXXIII, n° 3. Stoc-
kholm 1900.

Les indigènes disséminés sur l'archipel qui précède à l'Ouest le détroit de Magellan sont toujours à l'affût du passage des grands paquebots. Dès qu'ils aperçoivent un transatlantique, immédiatement hommes, femmes et enfants se précipitent dans leurs canots et font force de rames pour couper la route au vapeur. Afin de donner pendant quelques instants à leurs passagers le spectacle de ces primitifs, les capitaines ont l'habitude de stopper. Aussitôt toute la bande grimpe à bord, et, pour prix de sa venue, reçoit du tabac, des allumettes et des défroques de toute espèce. Le petit vapeur sur lequel Nordenskjöld avait pris passage n'avait guère l'allure rapide des longs courriers. Aussi bien, à chaque détour du fjord des escadrilles de canots guettaient son passage.

Une scène inoubliable. Le temps est absolument calme, l'air d'une limpidité absolue. Le repos de la nuit descend lentement sur la nappe déjà enveloppée d'une pénombre transparente ; tout là-haut, les géants de pierre profilent leurs masses mauves dans la pâleur bleuâtre d'un ciel d'acier. Soudain dans le grand silence éclate un brouhaha de cris et de hululements... Un canot chargé d'indigènes approche ; hommes, femmes et enfants braillent à qui mieux mieux, tandis que les chiens

HÊTRE ANTARCTIQUE

joignent leurs aboiements à ces clameurs. L'embarcation accoste ; toute la bande se précipite à bord comme à l'abordage ; chacun veut arriver bon premier, afin de pouvoir échanger au meilleur prix possible les marchandises de troc, de superbes peaux, que ces primitifs donnent pour quelques feuilles de tabac.

Ces indigènes passent presque toute leur vie à la mer, et tirent pour ainsi dire exclusivement leur alimentation des produits de la pêche. En différents endroits, sur les rives des canaux, ils ont des huttes couvertes de gazon et de peaux de phoques, et, suivant les nécessités de leur industrie, s'installent tantôt dans l'une, tantôt dans l'autre. Ils sont, du reste, contraints à la vie maritime par la nature même du pays. A quelques mètres de la rive commence une impénétrable forêt vierge, absolument fermée à l'homme. Cette forêt est un des principaux éléments de la beauté des paysages patagons. Avec juste raison tous les voyageurs se sont à l'envi extasiés sur l'extraordinaire contraste que présente cette verdure folle à côté des glaciers et des neiges éternelles. Les essences les plus communes sont le *Fagus betuloïdes*, un hêtre de petite taille dont le sommet s'étale en une superbe couronne, une espèce de cyprès, et un magnolia, *Drimys Winteri*, dont la présence à une latitude aussi froide semble absolument extraordinaire. Et, entre les troncs pousse un fouillis inextricable de broussailles et de sous-bois : ce sont différentes espèces de *Berberis*, puis le *Pernettya mucronata* aux feuilles armées d'épines, chargé de baies comestibles, un *Fuchsia* de grande taille, constellé au printemps de magnifiques fleurs rouges, le *Philesia baxifolia* resplendissant de cloches de pourpre, enfin une fougère (*Lomarya Boryana*), dont la tige basse mesure parfois une épaisseur de 0 m. 30 et dont les feuilles peuvent atteindre une longueur de 0 m. 70.

Et par dessous cette végétation folle s'étend un tapis impénétrable de mousse. Sous ce revêtement tout demeure enfoui, les souches mortes, les pierres, le sol même. Nulle part sur cette couche molle le pied ne trouve un point d'appui solide ; aussi jugez quelle difficulté présente la marche à travers la forêt ! A chaque instant on est arrêté par un enchevêtrement de branches : essaie-t-on de passer par dessous, on culbute dans un trou plein d'eau dissimulé sous les mousses, ou l'on enfonce dans un bourbier de débris végétaux. Au milieu de cette forêt aucun bruit, la

FOUGÈRES DANS LES FORÊTS DE PATAGONIE

masse des arbres arrête la tempête la plus vio-
lente; à quelques pas de la lisière des bois même
le plus terrible ouragan demeure sans effet. Aucun
animal, aucun oiseau; on a l'impression d'une
prison de verdure.

CHAPITRE V

Encore les canaux. — Une traversée tourmentée. — Le canal
du Beagle. — La « ville » la plus méridionale du monde.

DE retour à Punta-Arenas, après cette visite à
l'Ultima Esperanza, M. Nordenskjöld alla explorer la côte Ouest de la Terre de Feu, à bord du
Condor, vapeur mis à sa disposition par le gouverneur chilien. Dans cette excursion, il était accompagné par Dusen et Åkermann, ses autres compagnons, Ohlin et Backhausen, ayant abandonné
la partie.

Le 29 avril 1896, le *Condor* appareillait à
destination d'Ouchouaya, la capitale de la partie
argentine de la Terre de Feu.

« S'il nous arrive un accident, raconte Nordenskjöld, ce ne sera certes pas au manque
d'officiers qu'il faudra l'attribuer. Le vapeur ne
compte pas, en effet, moins de quatre capitaines :
un commandant en chef, un pilote major, le seul
officier qui connût ces parages, un capitaine de
commerce, de nationalité espagnole, qui était en

réalité le chef du bâtiment, enfin le lieutenant de
vaisseau Fuentes. Ce dernier marin s'est acquis une
réputation universelle, en attaquant avec un petit
torpilleur le cuirassé *Blanco Encalada* et en cou-
lant ce gros bâtiment. Mais, comme dit le proverbe
suédois, plus il y a de cuisiniers, plus la soupe est
mauvaise ; une fois de plus l'événement vint prou-
ver la justesse du dicton. Le premier jour, le
temps est magnifique ; après avoir suivi le détroit
de Magellan, nous entrons le soir dans le canal
Magdalena, célèbre par la magnificence de ses
paysages. Lorsque le *Condor* embouque la passe,
l'obscurité arrive déjà et je ne puis jouir complètement de la vue si fameuse du Sarmiento, le géant
glacé de la Terre de Feu. Par un clair de lune
merveilleux, le vapeur glisse sur des eaux calmes
entre des murailles de rochers qui, sous cette clarté
diaphane, prennent des proportions gigantesques.

« 1er *Mai*. Toujours beau temps. Nous suivons
le canal Cockburn, puis sortons dans le Pacifique.
A peine un faible roulis. Le soleil est éblouissant,
comme souvent à pareille date, dans le Nord, le
jour de la fête du printemps ; dans l'hémisphère
austral, ce sont, au contraire, les derniers rayon-
nements de la nature avant l'engourdissement
hivernal.

« Donc, le peloton des capitaines était de fort joyeuse humeur et plein de confiance. Ayant à bord un naturaliste, ils se piquèrent au jeu et voulurent, eux aussi, faire œuvre d'explorateur. Ils engagèrent en conséquence le vapeur dans l'archipel, pour rechercher un canal qui, disait-on, existait dans ces parages et qui n'était porté sur aucune carte. Dans cette reconnaissance, les heures passent rapides, sans que l'on s'aperçoive que le ciel noircit singulièrement. Et voici que déjà la brise s'élève ! Devant cette apparence menaçante du temps, les capitaines deviennent aussitôt très inquiets et donnent immédiatement l'ordre de gagner le plus rapidement possible le canal du Beagle. Mais il est trop tard ! L'ouragan éclate furieux et invincible. En toute hâte, il faut gagner le mouillage le plus voisin, le Stewart Harbour, sur la côte Ouest de l'île Stewart.

« Quelle est la valeur de cet abri et combien de temps pouvons-nous être condamnés à y rester ? Pour nous renseigner, consultons les Instructions nautiques. « Le port Stewart est bien protégé contre les vents du Sud et d'Est, mais très insuffisamment contre ceux du Sud-Ouest. » La situation n'est donc pas des meilleures. Quant à la durée des tempêtes, en automne, dans ces parages voisins du Cap Horn, le document officiel s'exprime ainsi : « Elles persistent pendant plus de deux ou trois jours, souvent pendant douze, parfois même durant six semaines ou deux mois ». L'avenir n'est donc pas précisément agréable.

« Toute la nuit et toute la journée du lendemain nous restons au mouillage. Le vent augmente de force et la mer grossit d'heure en heure. La nuit suivante la situation devient encore plus grave. Les lampes restent allumées dans le carré ; tandis que nous nous reposons, étendus sur des canapés, les commandants veillent. Tout à coup un grand vacarme éclate sur le pont ; en toute hâte un timonier dégringole l'escalier. La chaîne d'une ancre vient de se rompre ! Le bâtiment ne repose plus que sur une seconde ancre très faible, incapable de résister. Et le navire ne possède point de rechange. D'une minute à l'autre, nous risquons d'être jetés à la côte ! Que faire ? Sur ce faible vapeur, par un pareil ouragan et au milieu de l'obscurité, ce serait folie de prendre la mer.

« Rapidement les commandants se concertent. Ils décident de tenter la sortie. Il est environ quatre heures. L'ancre est relevée et en avant ! Lorsque le navire double les hautes falaises noires de l'entrée, le coup d'œil est impressionnant. Contre les rochers la mer, brisant avec une force terrible, jaillit en panaches à une hauteur extraordinaire, et sur l'Océan roulent des vagues monstrueuses, beaucoup plus hautes que notre mâture. Si, au moment du virage, une de ces lames atteint le vapeur, c'en est fait de nous tous. Les vieux marins du bord affirment n'avoir jamais vu un tel déchaînement. Avec cela la machine ne nous inspire qu'une confiance très médiocre ; la moindre avarie, et nous irons tous au fond de l'eau.

« Heureusement, jusqu'à l'entrée du canal de l'Aventure, le trajet est court. Mais avant de l'embouquer, encore une fois nous devons opérer un virage, et, encore une fois, pendant tout le temps de cette manœuvre, nous sentons passer sur nous le vent de la mort. Dans le canal, la mer est plate, nous sommes désormais à l'abri, nous sommes sauvés ! »

Quelques heures après cet épisode dramatique, le vapeur entrait dans le canal de Darwin, puis dans celui du Beagle. Ces canaux sont d'étroites et longues passes, ouvertes entre le continent et des îles ; quelques-uns sont longs de plus de cent milles marins, et sur toute cette distance un épais rempart de hautes terres les protège de la pleine mer. De loin en loin il y a bien quelques solutions de continuité et par ces ouvertures encombrées d'îlots se découvre le grand horizon de l'Océan. Le plus célèbre de ces canaux est celui du Beagle. Large tout au plus de cinq kilomètres, il s'étend, entre la Terre de Feu et les îles Navarin et Host, sur une longueur de plus de 200 kilomètres, rectiligne comme s'il avait été taillé par la main des hommes. On ne saurait mieux le comparer qu'aux fameux canaux visibles sur la planète Mars. Sur ses deux rives, des montagnes, toutes chargées de neiges éblouissantes, s'élèvent à pic à 1 000 mètres environ, au milieu d'une ceinture de forêts vierges à travers lesquelles ruissellent de magnifiques glaciers. Ces terres sont le pays par excellence des contrastes et du paradoxe dans la nature. Éternellement vertes, ces forêts laissent, même en hiver, une impression d'été, tandis qu'en été la présence des glaces flottantes détachées des glaciers donne une sensation d'hiver.

Le 4 mai, Nordenskjöld arriva enfin à Ouchouaya. Cette localité est située au milieu d'un magnifique paysage, entre une baie profonde et le pied du mont Martial (1 100 m.). Au fond du cadre apparaît le mont Olivaya, une cime pointue, inaccessible ; vers le Sud-Ouest le cadre est

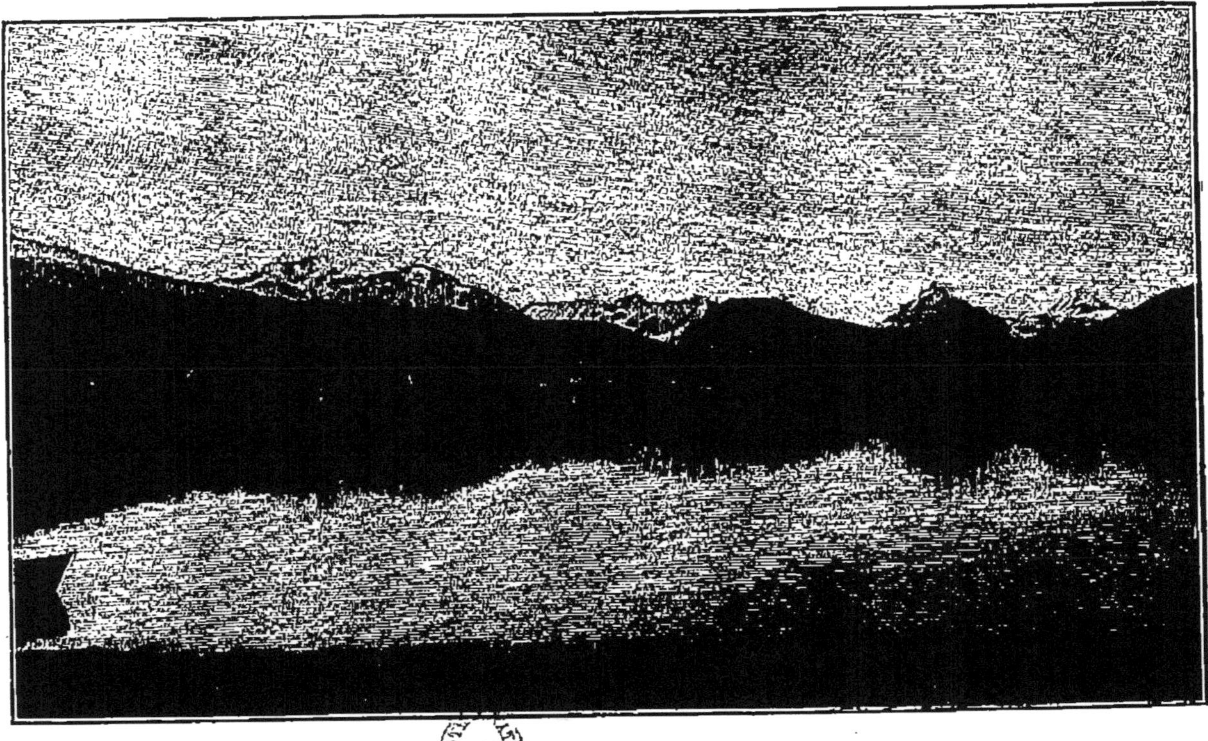

OUCHOUAYA, LA VILLE LA PLUS MÉRIDIONALE DU MONDE

fermé par le profil dentelé de l'île Host et par la masse moins tourmentée de l'île Navarin.

Ouchouaya est la ville la plus méridionale du monde, comme Hammerfest en Norvège est la ville la plus septentrionale. Plus loin, vers le Sud, on trouve bien encore quelques lieux habités, mais ce sont de simples établissements de colons isolés. La localité la plus méridionale occupée par des blancs est la mission de Lapataya, à cinquante kilomètres au Nord du cap Horn.

La capitale de l'extrême Sud n'est qu'un amas irrégulier de baraques. Les plus belles sont la maison du Gouvernement, une grande case peinte en rouge, flanquée de longues ailes, et l'habitation du gouverneur, une cassine blanche, n'ayant qu'un rez-de-chaussée, d'assez piètre apparence, mais dont l'aménagement offre un confort et un luxe absolument extraordinaires à une telle latitude. Toutes les autres maisons sont des baraques en bois, recouvertes de feuilles de zinc, quelques-unes précédées de jardinets soigneusement enclos. Une maisonnette toute basse est l'école. Pour le moment elle est vide ; un instituteur a bien été nommé à ce poste depuis quelques années ; mais, n'estimant pas la population scolaire assez nombreuse pour ses talents, il préfère demeurer à Buenos-Aires.

Actuellement cet établissement d'instruction publique est transformé en hôtel. Un jeune architecte anglais, chargé de l'édification des bâtiments gouvernementaux, y avait déjà élu domicile, et l'expédition suédoise y reçut l'hospitalité. Mais ce n'était qu'un toit sur la tête, car la baraque était absolument dépourvue de tout meuble. Nordenskjöld et ses compagnons se transformèrent alors en ébénistes et fabriquèrent tant bien que mal un mobilier primitif : un petit poêle trouvé après bien des recherches compléta l'installation. La nécessité d'un bon feu commençait à se faire sentir. La température s'abaissait parfois à cinq ou six degrés sous zéro.

La population d'Ouchouaya comprend des employés du gouvernement et des commerçants. A la tête des premiers se trouve le gouverneur, un aimable et intelligent officier, chargé de l'administration et de la surveillance de tout le territoire argentin de la Terre dé Feu. Cette localité perdue, étant un lieu de déportation, avait une assez nombreuse police ; cependant, l'ordre n'y régnait pas toujours. Les commerçants étaient beaucoup moins nombreux que les employés. Plusieurs avaient fait de fort bonnes affaires, il y a quelques années, lors de la fièvre de

LE PALAIS DU GOUVERNEUR À OUCHOUAYA.

l'or, en échangeant des denrées contre des pépites. Aujourd'hui la plupart de ces négociants s'occupent de la vente des spiritueux et possèdent un café avec un billard où chaque soir s'assemble toute la population. Ces réunions sont les seules distractions des habitants. Mais le grand événement dans la vie des indigènes d'Ouchouaya est l'arrivée du paquebot. Tous les mois il apporte de Buenos-Aires des nouvelles du monde extérieur et des approvisionnements. Sans ce ravitaillement on serait exposé à mourir de faim.

Dans ces pays perdus, les divertissements constituent pour les habitants un véritable besoin ; aussi la fête nationale, l'anniversaire de la Déclaration de l'Indépendance, fut-elle célébrée avec cet entrain caractéristique des gens qui n'ont pas souvent l'occasion de s'amuser. Toute la ville était pavoisée ; chaque maison, même la plus humble, était un arc-en-ciel de drapeaux. Dans la matinée, les gymnastes du pays grimpèrent à un mât de cocagne ; après quoi eurent lieu des régates à la voile et à l'aviron auxquelles prit part toute la population. Des Indiens de la tribu des Yaghans étaient venus en assez grand nombre assister à la fête ; eux aussi se mêlèrent aux joûtes et plus d'un en sortit vainqueur, rapportant un bibelot qui, à ses yeux, avait la valeur d'un trésor. Dans l'après-midi, un feu d'artifice fut tiré, puis, une fois la dernière fusée lancée, toute la « société » d'Ouchouaya se rendit à un dîner de gala chez le gouverneur. Le soir, une troupe d'Indiens donna le spectacle d'une danse guerrière. Pour la circonstance, les indigènes avaient revêtu le costume que portaient leurs ancêtres dans les combats : une peau de guanaco sur le corps, sur la tête une couronne de plumes blanches, sur le visage, sur la poitrine et sur les bras, un tatouage rouge, noir et blanc. Aux accents d'un chant monotone, les guerriers avancent en une longue file serrée, tour à tour bondissant en avant, puis s'accroupissant brusquement. Soudain, après divers mouvements, tous se laissent tomber en même temps en se touchant, dessinant sur le sol comme un immense serpent hérissé de poils. Peu à peu, les danseurs s'animèrent et les chants devinrent plus bruyants, les hommes se mirent à pousser des cris stridents, à sauter les uns sur les autres, à se frapper pour imiter la lutte sur le champ de bataille. La danse ne prit fin que lorsque les Indiens tombèrent épuisés.

Nordenskjöld employa son séjour à Ouchouaya à explorer les environs de cette station et à en

dresser la carte. Il visita ainsi la vallée de Lapataya, mais l'épaisse nappe de neige qui recouvrait
le sol l'empêcha de pénétrer au loin dans l'intérieur des terres. Une autre fois, notre voyageur
entreprit de gagner le lac Fagnano à travers les
montagnes. Les habitants manifestant la plus
vive répugnance pour les ascensions, il dut se
mettre en route seul. Toujours la forêt vierge.
Sur les premières pentes, elle est pénétrable,
surtout à cette époque-ci de l'année — en hiver
— mais, plus haut, des buissons de *Berberis*
s'élèvent à quatre ou cinq mètres, formant une
épaisse muraille, et non sans dommage le voyageur
parvient à se frayer une route. Après avoir che-
miné péniblement pendant plusieurs heures,
Nordenskjöld atteint enfin un mamelon d'où la
vue s'étend par-dessus la forêt. Hélas, tout l'effort
qu'il a fait est en partie inutile ; pour atteindre la
cime qu'il a choisie comme objectif, il doit redes-
cendre dans la vallée du rio Grande ouverte à
ses pieds. Malgré son nom ambitieux, ce rio n'est
qu'un torrent, mais il est large, rapide et roule
des glaçons. Le passage à gué est un bain de pieds
un peu frais.

Le rio Grande franchi, recommence l'exercice
en forêt. Après cela, voici une grande vallée,

plate, marécageuse, parsemée de flaques d'eau
stagnantes. Sur ce terrain la marche n'est guère
agréable; la bourbe n'est gelée qu'à la surface; sous
la moindre pression, la couche solide s'effondre et
vous enfoncez dans la boue. Après tout on avance
encore plus vite qu'au milieu de la forêt vierge,
et six heures de marche amènent le voyageur au
pied de la montagne qu'il se propose de gravir.

« Sur ces entrefaites, rapporte notre auteur, le
ciel se couvre; autour des cimes s'accrochent des
nuages épais. Quoique le mauvais temps menace,
il serait absurde de battre en retraite; une saute
de vent peut mettre en déroute toutes ces nuées.
Donc je poursuis l'ascension ; dans le bas, toujours
la forêt vierge et ses enchevêtrements inextricables. A mesure que je m'élève, elle s'éclaircit...
Enfin, me voici à la limite supérieure des bois ; sur
le sol gelé et parsemé de plaques de neige, il n'y
a plus que des touffes de hêtre antarctique, si ser-
rées et si épaisses que l'on peut marcher dessus
sans y enfoncer. A leur tour, elles disparaissent
également, découvrant une roche nue, enduite d'une
nappe de verglas dissimulée sous une neige per-
fide. Sur cette surface lisse et glissante, impossible de se tenir debout; pour avancer, je dois
ramper. Et il ne fait pas précisément chaud, la

LE LAC FAGNANO

température baisse rapidement et la tempête acquiert une force de plus en plus grande. J'arrive sur l'arête, à l'altitude de 1 100 mètres.

« Sur l'autre versant, la crête tombe à pic, mais jusqu'à quelle profondeur, impossible de le discerner à travers la nappe montante des nuages.

« ... Le vent fait rage et menace de me culbuter. J'attends une éclaircie, abrité au milieu d'un monceau de neige, derrière un rocher. Soudain, une trouée se fait dans la nuée, découvrant, pendant quelques instants, un panorama superbe, comme une apparition fantastique; après quoi, la grisaille remonte plus dense et plus obscure. Le gouffre qui s'ouvre à mes pieds est formé par la vallée de l'Olivaya, toute brune de tourbes ; au milieu, la large rivière se tortille en méandres capricieux, qui reviennent les uns sur les autres et semblent s'entremêler. Dans toutes les directions scintillent des bouts de rivières ; une vallée absolument extraordinaire, elle renferme plus d'eau que de terre. De tous côtés, j'aperçois des crêtes chargées de neiges et de glaciers.

« La crête que j'ai atteinte se rattache au massif central et, par cette voie, il serait possible d'arriver très aisément en vue du lac Fagnano. Mais allez donc vous engager, seul, dans ces montagnes

inconnues, au milieu d'une brume épaisse! La
retraite était donc nécessaire. En toute hâte, je
dégringolai jusqu'à la lisière supérieure de la
forêt, et là, pendant quinze heures, je demeurai
dans une position qui n'avait rien d'agréable. Il
faisait froid, de temps à autre s'abattaient des
bourrasques de neige, et je n'avais même pas la
ressource de pouvoir allumer un brasier. Des prisonniers Indiens, qui s'étaient échappés d'Ouchouaya quelques jours auparavant, erraient dans
les bois. S'ils apercevaient un brasier, bien certainement ils se dirigeraient de ce côté et me feraient peut-être un mauvais parti. Enfin, après
de longues· heures autour d'un feu fumeux, le
jour parut hâve et livide, un ciel brumeux d'hiver.
Le brouillard enveloppait toujours les montagnes.
Dans ces conditions, je n'avais plus qu'à redes-
cendre vers la capitale de la Terre de Feu. Je
demeurai encore quelque temps à Ouchouaya, et
ne revins à Punta-Arenas qu'au milieu de juin. »

CHAPITRE VI

LES voyageurs divisent généralement les Indiens de la Terre de Feu en trois peuplades. D'après M. Otto Nordenskjöld, cette classification peut être réduite à deux membres: les Yaghans et les Alakaloufs d'un côté, les Onas de l'autre. Les premiers, s'ils parlent des langues différentes, présentent de très grandes ressemblances anthropologiques et mènent le même genre de vie. Se nourrissant des produits de la mer, ils passent la plus grande partie de leur existence dans leurs pirogues et sont toujours établis sur le bord des fjords; d'où leur nom d'Indiens des Canaux. Les Onas, au contraire, ignorent l'art de la navigation et se rencontrent exclusivement dans les Pampas et dans les forêts.

L'étude des Onas est rendue très difficile par leur vie errante. Extrêmement farouches, dès qu'ils découvrent un groupe de cavaliers dans l'im-

FUÉGIENS DE LA MISSION DE RIO GRANDE

mense horizon des Pampas, ils prennent la fuite après avoir mis en sûreté leurs femmes, leurs enfants et toute leur pacotille; seulement lorsqu'ils ont reconnu les nouveaux arrivants, ils sortent de leurs retraites. A plusieurs reprises, M. Nordenskjöld a passé tout près d'Onas sans jamais réussir à les joindre. Un jour, en pleine forêt, il trouva un feu dé bivouac qui venait d'être abandonné, mais, en dépit de ses recherches, il lui fut impossible d'apercevoir les indigènes qui demeuraient cachés dans la brousse voisine. On ne peut observer ces Indiens qu'à l'état de demi-civilisés dans la mission de Rio-Grande, à Punta-Arenas, à Ouchouaya, et dans les *estancias* où ils sont employés comme domestiques.

Les Onas forment une belle race, de haute stature, admirablement proportionnée ; leur taille moyenne est de 1ᵐ,75. Ils sont donc plus grands que n'importe quel peuple d'Europe. Leur visage agréable est éclairé par de beaux yeux et des dents très blanches, leur peau est foncée, légèrement rougeâtre, blanche même parfois ; leur teint ressemble souvent à celui d'Européens brûlés par

FEMME ONA

le soleil. Les Onas n'ont cet aspect qu'à l'état libre ; ceux qui vivent dans les établissements des blancs ont, au contraire, la mine déprimée de vaincus de l'existence.

Ces Fuégiens tirent toute leur subsistance des produits de la chasse au guanaco. Se déplaçant continuellement en raison des nécessités de cette industrie et ne trouvant dans les plaines qu'ils parcourent aucun matériel de construction, ils gîtent dans des abris formés de broussailles et de quelques peaux tendues dans la direction du vent. Aucune peuplade ne vit dans des conditions aussi misérables, et notez qu'en hiver la température se maintient pendant plusieurs semaines au-dessous de zéro ; parfois même elle descend à — 15°. En dépit de ce froid rigoureux, les Onas, comme du reste les autres tribus de la Terre de Feu, sont toujours très incomplètement vêtus. Ils sont simplement couverts d'une sorte de manteau, généralement en peau de guanaco, parfois en peau de renard, serré autour de la poitrine, soit par un cordon, soit par une pression du bras. Lorsqu'ils sont accroupis, autour du feu fumeux, dans leurs abris ouverts à tous les vents, ils laissent tomber ce vêtement. Quelque temps qu'il fasse, alors même que la neige couvre le sol, les enfants restent

ONA VÊTU DE SON MANTEAU EN PEAU DE GUANACO

complètement nus. Comme coiffure ils n'ont que leur épaisse chevelure, parfois comme ornement un morceau triangulaire de peau de guanaco.

Autour du cou et des bras toutes les femmes portent des colliers faits de petits os d'oiseaux ou de coquilles, ou encore d'une graine noire. Inutile d'ajouter que, à la Terre de Feu comme partout ailleurs, la verroterie exerce les plus grands attraits sur les filles d'Ève ; pour obtenir pareille parure, elles sont disposées à troquer les objets les plus précieux de leur ménage.

Le mobilier des Onas est extrêmement simple. Point de poterie, uniquement des ustensiles en jonc tressé. Pour enflammer le bois, un silex, de l'amadou et un morceau de pyrite. Comme armes, un arc et des flèches dont la pointe est souvent un fragment de pierre ; pour la pêche des filets en nerfs de guanaco et pour la capture des oiseaux des pièges très ingénieux faits d'ossements de baleines. La nourriture des indigènes consiste principalement en chair de guanaco et de *tuco-tuco;* le renard, une espèce de gros rat et les oiseaux d'e au complètent le menu. A basse mer, ils fouillent soigneusement les plages pour s'emparer de poissons cachés sous les pierres. La grande moule bleue est un de leurs aliments de choix. Les Onas sont également végétariens; ils recherchent les graines d'un *Sisymbrium*, dont ils font des galettes, après les avoir concassées, et mangent un champignon gros comme une cerise (*Cyttaria*), qui, paraît-il, a un goût excellent, ainsi que les racines et les tiges d'un grand nombre de plantes. Il va sans dire que quand ils trouvent des œufs, ils n'ont garde de les laisser. Leur grand régal est la viande de baleine. Lorsqu'un de ces cétacés échoue sur une plage, c'est ripaille générale; de tous côtés des naturels viennent prendre part au festin. Hélas! pour ces malheureux, pareille aubaine est rare.

Les Indiens, même après avoir été en contact avec les Blancs, ne font usage ni de tabac, ni de boisson fermentée, ni de décoction correspondant au café ou au thé; ceux qui ont été détenus prisonniers à Punta-Arenas demeurent même longtemps indifférents à l'alcool comme au tabac. Dans ce port M. Nordenskjöld a cependant vu quelques naturels qui fumaient des cigares. Les Indiens des Canaux forment à cet égard un contraste frappant avec les Onas; volontiers ils prennent un petit verre et toujours ils mendient du tabac. Ces Fuégiens, loin d'être une race inintelligente et inférieure, sont au contraire supé-

FEMME ONA

rieurs à bien des primitifs. Témoin l'ingéniosité
que décèlent leurs engins de chasse et de pêche;
non moins probante à cet égard est la facilité avec
laquelle ils s'élèvent au contact des Européens.
Nordenskjöld cite l'exemple d'un jeune Indien qui,
après un séjour de six mois chez un blanc, pouvait s'exprimer en anglais et en espagnol. Ce gamin
attentif, laborieux, ponctuel, était un domestique
parfait, comme on n'en trouve guère dans les pays
civilisés. Les Onas paraissent, du reste, avoir
une facilité remarquable pour l'étude des langues;
notre voyageur a rencontré un autre jeune Fuégien
qui parlait l'allemand, l'anglais et l'espagnol. Après
quelques mois d'apprentissage, des Indiennes deviennent d'excellentes cuisinières ou des femmes
de chambre dont les services ne laissent rien à
désirer. Les adultes apprennent également rapidement des métiers et sont de très bons travail-
leurs. Si ces Indiens avaient été bien traités par
les premiers colons, si on leur avait apporté à
dose modérée une civilisation qu'ils eussent pu
s'assimiler progressivement, ils auraient constitué
un organisme utile pour le développement des
républiques sud-américaines. Au lieu de cela, ces
malheureux ont été la proie d'aventuriers avides,
et partout ont été traqués et tués comme des bêtes

fauves. Les expéditions de Lista et de Popper, parties en 1886 de l'Argentine afin de prospecter la Terre de Feu, ont été calamiteuses pour les indigènes. Lista chassait les naturels comme un gibier, les poursuivant à outrance pour s'emparer de l'un d'eux et l'obliger à guider ses gens. Lorsqu'à ces attaques les pauvres Fuégiens répondaient par une volée de flèches, on leur envoyait une décharge meurtrière. Dès lors ce fut la guerre sans merci. Pourchassés, les indigènes voulurent résister, et quand ils se trouvaient en nombre, ils n'hésitaient pas à attaquer les bandits qui venaient les troubler dans leur solitude. Mais que pouvaient leurs arcs et leurs flèches contre les balles des Winchester !

Après Lista et Popper arrivèrent une foule d'aventuriers attirés par la soif de l'or. Eux aussi se montrèrent durs et cruels à l'égard des Fuégiens. Les Onas se vengaient en volant les chevaux des prospecteurs et ceux-ci, pour punir les voleurs, massacraient sans merci tous les indigènes qu'ils rencontraient. Cinq Indiens pour un cheval disparu, tel était le taux de la rançon. De leur côté, les naturels surveillaient les mouvements de leurs agresseurs et, dès qu'ils trouvaient un isolé, ils tombaient dessus à l'improviste et l'assassinaient. Dans cette guerre d'escarmouche les Onas étaient maîtres ; les ossements de plus d'un mineur blanchissent aujourd'hui dans la pampa. Après les orpailleurs vinrent les colons. A Porvenir et à Gente-Grande, qui sont parmi les plus anciens établissements de la Terre de Feu, fut entrepris l'élevage des moutons. Au début les relations entre les nouveaux arrivants et les Fuégiens furent excellentes ; les colons distribuaient aux indigènes des aliments, des verroteries, etc. En tout pays les cadeaux entretiennent l'amitié. Mais quel ne fut pas l'étonnement des éleveurs de voir leurs troupeaux diminuer de jour en jour ! Les animaux n'étaient atteints d'aucune maladie épidémique ; nulle part on ne trouvait un cadavre. Le mystère fut enfin éclairci en voyant apparaître les habitants couverts, non plus de peaux de guanaco, mais de peaux de mouton. Les colons essayèrent de leur faire comprendre l'importance de leurs méfaits, ce fut peine perdue. Le pays entier appartient à notre tribu, répondirent-ils, et avec le pays les animaux qui y vivent. La patience n'est pas la vertu cardinale des pionniers qui s'en vont au loin chercher fortune. Ne pouvant convaincre les naturels de leur droit, les colons nettoyèrent le terrain à coups de fusil. Les sauvages ne renoncèrent pas pour cela à leurs rapines; sachant se dissimuler au milieu de ces plaines, avec l'habileté et la patience de l'animal qui guette une proie, ils réussissaient à approcher des troupeaux et en enlevaient une partie. A l'*estancia* de Springhill, pendant la première année, pas moins de deux mille moutons furent volés; une perte de cinquante mille francs au moins pour l'éleveur.

En 1893, la colonisation s'étendit dans la région de la Bahia Inutil; toutes les terres basses se trouvaient ainsi occupées et livrées aux moutons. Refoulés de tous côtés par cette nuée d'envahisseurs, les Indiens durent se réfugier dans les montagnes et les forêts. Dans cette région, l'été, au prix de longues recherches, ils trouvent encore une alimentation précaire, mais l'hiver c'est la disette. Du rivage, ils ne peuvent plus s'approcher pour trouver des coquillages, et du sol gelé ils ne peuvent plus déterrer le *tuco-tuco*; et, lui aussi, le guanaco pourchassé de toutes parts est devenu rare. Par suite, pour subsister, l'Indien n'a d'autre ressource que le vol. On lui envoie des balles, mais aucun danger ne peut arrêter un affamé!

Maintenant, commence le dernier acte de ce long drame, de cette lutte d'une race de primitifs inof-

FANFARE FUÉGIENNE DE LA MISSION SALÉSIENNE DE DAWSON

fensifs que la civilisation, en les traquant sans merci, a transformés en bandes de pillards et de malandrins. Et il est terrible ce dernier acte. Pour se débarrasser de leurs voisins, les blancs ne reculent même pas devant l'emploi de la strychnine !

Tandis que les colons poursuivaient cette conquête sauvage de la Terre de Feu, des missions religieuses entreprenaient une œuvre de prosélytisme et de véritable civilisation. En 1888, les Salésiens fondaient une école à Port Harris, dans l'île Dawson et, en 1894, ils étendaient leur action chez les Onas, par la création d'un ouvroir et d'une école à Rio-Grande.

D'après M. Nordenskjöld, les religieux ont obtenu d'excellents résultats. Les enfants reçoivent l'instruction primaire et une éducation manuelle ; les filles apprennent la couture et exécutent toujours avec beaucoup de soin les travaux dont elles sont chargées. Aux adultes on enseigne également différents métiers, comme ceux de bûcheron, de berger, de scieur, de briquetier. Les missionnaires enseignent l'espagnol aux indigènes, mais eux-mêmes ignorent la langue des naturels, aussi est-il permis de douter de l'efficacité de leur apostolat religieux. Comme le montre une des photographies reproduites ci-contre, les Salésiens essaient d'initier leurs élèves aux beautés du trombone et du cornet à piston. La musique adoucit les mœurs, dit-on ! Néanmoins, les jeunes Onas demeurent insensibles à ses charmes et assez souvent s'échappent pour reprendre l'existence errante, la course à travers les déserts, qui, malgré ses privations, est pour les primitifs la vie rêvée.

CHAPITRE VII

Les Onas (*suite*). — L'organisation de la famille. — Rites
funéraires. — Les Yaghans. — La mission d'Ouchouaya.
— Historique des missions de la côte Ouest de la Terre de Feu.

Sur les Onas, M. Nordenskjöld donne d'in-
téressants rênseignements qu'il nous semble
bon de traduire.

« Ces Fuégiens sont, dit-il, essentiellement nomades. Bien qu'appartenant à une même race et
parlant des dialectes qui ne diffèrent pas sensi-
blement, ils forment cependant plusieurs tribus,
qui deviennent parfois ennemies. Très rarement
les membres d'une même tribu se réunissent ; le
plus souvent, ils vivent par groupes de quelques
familles. Leur principale occupation est la recherche
de la nourriture, notamment la chasse au guanaco. Pour s'emparer de ces animaux, les meilleurs archers s'embusquent sur le bord des pistes
suivies par ces quadrupèdes, tandis que les autres

cernent le gibier et le poussent vers les chasseurs. Rarement, les tireurs manquent l'animal ;
si un pareil accident arrive, les chiens se met-

FUÉGIENNES A LA CHÁSSE AU TUCO-TUCO

tent à sa poursuite et ont bientôt fait de le rejoindre.

« Comme chez tous les primitifs, les femmes
ont dans leur lot la plus grosse besogne. Naturellement, elles ont à soigner les enfants et à prendre
soin du ménage ; en outre, elles pêchent les co-

quillages et capturent le *tuco-tuco*. Avec un long bâton pointu, elles fouillent le sol pour découvrir la position des terriers. Une fois qu'elles les ont trouvés, elles déposent à l'entrée une pierre ou quelque autre signe distinctif; l'animal, effrayé par tout ce bruit, se réfugie au plus profond de sa retraite. Quelque temps après, elles reviennent en tapinois et, frappant violemment le sol à coups de talon, elles éboulent les galeries du clapier; pour s'emparer du gibier, elles n'ont plus qu'à le déterrer.

« Le soir, toute la famille se réunit autour du feu de bivouac, pour cuire les aliments et pour jacasser. Parfois alors, les femmes chantent des mélopées d'une mélancolie poignante. C'est aussi le moment où l'on raconte les légendes. Comme tous les peuples, les Fuégiens ont imaginé une histoire de l'origine de l'homme, c'est-à-dire de leur race. Jadis, racontent-ils, le pays était habité par des hommes barbus, ressemblant aux blancs. Alors le soleil et la lune, mariés ensemble, vivaient sur la terre. Les hommes étant devenus méchants et, ayant commencé à se faire la guerre, le ménage céleste se retira au ciel, d'où il expédia sur la terre une grande étoile rouge et brillante (Mars), qui, pour ce voyage, prit la forme d'un géant. L'envoyé arriva, muni d'un sac énorme, « beaucoup plus grand que celui dans lequel sont renfermés les biscuits, que distribuent les missionnaires. » Tous les hommes qui vivaient alors y furent enfermés et massacrés. Le messager façonna ensuite deux mottes d'argile, les plaça l'une à coté de l'autre ; après trois lunaisons, il en sortit un homme et une femme, les ancêtres des Fuégiens.

« On n'a encore aucune notion sur le sentiment religieux de cette peuplade. Le soleil et surtout la lune sont, dans ses croyances, des puissances souveraines qui exercent une influence importante sur les actions des hommes, mais comment se manifeste cette influence, nous n'avons, à cet égard, aucun renseignement.

« Les Fuégiens sont d'excellents pères de famille, traitant le plus souvent avec douceur et affection leurs femmes et leurs enfants. La polygamie existe à la Terre de Feu ; souvent un mari possède trois femmes, autant d'ouvrières laborieuses. A leurs yeux, la femme est surtout un serviteur que l'on charge des plus dures besognes. La réflexion d'un Indien est à ce sujet caractéristique. « Je ne puis pas comprendre, disait-il, quel plaisir les blancs trouvent à toujours travailler ; pourquoi ne font-ils pas comme nous et ne prennent-ils pas plusieurs femmes qu'ils feraient peiner à leur place ? »

Peu compliquée, la médecine de ces primitifs. Lorsqu'il y a un malade, tous ceux qui habitent la même hutte s'asseoient autour de lui et entonnent des incantations, en attendant l'arrivée du charlatan, le seul homme de la tribu qui ait sur les indigènes une certaine autorité. L'unique traitement qu'il connaisse est le massage ; une fois cette opération pratiquée, l'homme de l'art saute pieds nus sur la poitrine du patient et la piétine vigoureusement ainsi que la tête. Dans leur naïveté, les Fuégiens croient que la maladie est déterminée par l'introduction d'un mauvais esprit dans le corps, par suite qu'il faut l'en expulser, comme on fait sortir le pus d'un bouton, en le pressant.

Ces Indiens ont des rites funéraires très simples : ils enterrent l'homme enveloppé dans son manteau à l'endroit où il est mort et ensuite déplacent la hutte. Les survivants, tout au moins les veuves, témoignent de leur douleur en pratiquant sur leurs jambes un tatouage avec des pierres pointues, opération qui leur fait perdre une grande quantité de sang.

Certes, la vie des Fuégiens est rude et pénible, notamment l'hiver, alors que la famine les décime parfois ; néanmoins, ces pauvres gens pourraient soutenir la lutte pour la vie sans l'hostilité des blancs. A l'époque du voyage de M. Nordenskjöld, l'état de guerre entre les colons et les naturels durait toujours, barbare et cruel.

Si les Onas sont menacés d'une prochaine disparition par la cruauté des civilisés, les Yaghans, eux, sont déjà presque entièrement exterminés. De cette tribu il n'existe plus aujourd'hui que quelques individus ; tels ces rochers isolés au milieu des plaines qui demeurent les seuls témoins des puissantes assises enlevées pierre à pierre par les actions destructrices des éléments.

Vers 1870, les Yaghans comptaient encore un effectif de 3 000 individus ; quatorze ans plus tard ils n'étaient plus que 940 environ ; en 1895 et 189 leur nombre était réduit à 300 au maximum. Comme dans toutes les autres parties du monde, au contact des blancs, les indigènes ont contracté de terribles maladies contagieuses qui les ont décimés. En 1884, quelques semaines après que des communications eurent été établies entre Ouchouaya et le monde extérieur, une épidémie de rougeole enleva la moitié des habitants de cette localité. En peu de temps mouraient 70 individus tant adultes qu'enfants. Depuis, les affec-

ENFANTS ONZE OUCHOUAYA

tions les plus meurtrières, notamment la pneumonie, ont sévi sur les Yaghans et de jour en jour l'affreuse maladie étend ses ravages.

Les Yaghans ne sont plus les sauvages décrits par les anciens voyageurs ; sous l'influence des missionnaires ils ont acquis un certain degré de civilisation. Aujourd'hui on ne trouve plus d'indigènes demeurés à l'état primitif que sur les bords du détroit de Darwin ; autour de ce goulet, il existerait encore, dit-on, quelques familles restées fidèles aux anciens usages, quoiqu'elles aussi fréquentent les missions. Presque tous ces Indiens parlent un peu l'anglais. Si quelques-uns habitent encore des huttes, la plupart sont installés dans des maisonnettes en bois. Ils ont également abandonné les canots en écorce de leurs ancêtres, et les ont remplacés par des pirogues creusées à la hache dans un tronc d'arbre. Ces nouvelles embarcations, plus rapides que les anciennes, n'ont pas leur stabilité.

Un détail montrera l'état actuel de ces Indiens. Ils se sont épris du jeu de billard, et il n'est pas rare d'en voir à Ouchouaya passer l'après-midi à d'interminables parties. C'est leur grande distraction, qu'ils prennent, du reste, avec calme. Ces indigènes ne causent jamais de désordre et les colons n'élèvent contre eux aucune plainte. L'histoire de la mission d'Ouchouaya se confond avec celle de l'introduction de la civilisation : il nous paraît donc utile d'en présenter un résumé rapide, en suivant le récit de M. O. Nordenskjöld.

Lorsque Darwin et Fitz-Roy, au cours de leur célèbre voyage, visitèrent la Terre de Feu, les indigènes n'avaient point été modifiés par le contact avec les étrangers ; ils ne possédaient aucun abri fixe et ne savaient même pas coudre les peaux de phoques et de loutres qu'ils tuaient. Aussi bien le célèbre naturaliste les juge-t-il la race la plus inférieure de la terre, et leur refuse même la capacité de s'élever. Ce fut justement cette situation lamentable qui détermina un homme de cœur, le capitaine de vaisseau anglais Allen Gardner, à consacrer ses efforts à l'amélioration du sort de ces malheureux. Après une première reconnaissance de la région, cet apôtre convaincu s'établissait, en 1850, à l'île Picton ; quelques mois plus tard l'hostilité des indigènes l'obligeait à abandonner la place, et, avec ses six compagnons, il s'embarquait dans un canot pour aller attendre au large le passage d'un bâtiment. Cette faible embarcation n'ayant pu tenir sur cette mer tempêtueuse, force fut de revenir sur la côte. Alors commença pour ces malheureux une lutte terrible contre la faim et les privations. Les vivres vinrent bientôt à faire défaut et point de munitions pour s'en procurer de nouveaux! La provision de poudre avait été oubliée sur le navire qui avait amené Allen Gardner! Privés de viande fraîche, les vaillants pionniers furent attaqués par le scorbut, et les uns après les autres succombèrent dans le courant de septembre 1851. Le navire chargé de les ravitailler arriva un mois trop tard!

Loin de refroidir l'ardeur des missionnaires cette catastrophe ne fit qu'enflammer leur zèle et un nouveau départ de ces héroïques apôtres fut bientôt décidé. Cette fois on s'y prit autrement.

Plusieurs pasteurs allèrent s'établir sur l'île Keppel, une terre inhospitalière de l'archipel Falkland; après deux ans de travail, ils réussirent à installer un établissement assez important et à attirer plusieurs familles fuégiennes. Au nombre de ces Indiens se trouvait Jemmy Bulten, un des indigènes qui avaient suivi Fitz-Roy jusqu'en An gleterre. Accompagné de ce Jemmy Bulten et de quelques autres naturels, un des missionnaires entreprit, en 1859, un voyage à la Terre de Feu, sur un petit voilier monté par huit hommes. Pendant la traversée plusieurs disputes s'élevèrent entre les Indiens et l'équipage ; néanmoins elles ne parurent entraîner aucune suite.

Le drame cependant se préparait.

Un dimanche, les membres de l'expédition qui se trouvaient à terre furent attaqués à l'improviste par les Fuégiens et tous massacrés. Seul le cuisinier échappa à la mort par une fuite rapide dans les bois ; mais, pressé par la faim, le malheureux dut bientôt sortir de sa retraite et aller implorer la pitié des sauvages. Leur instinct de meurtre avait été apaisé ; ils se contentèrent donc de le dépouiller de tous ses vêtements ; après quoi, ils l'admirent dans la tribu. Notre homme s'adapta parfaitement à la vie fuégienne, à la graisse de baleine comme à l'habitude de ne porter qu'une peau de phoque pour toute protection contre les intempéries de ce rude climat. Fort heureusement pour le nouveau Robinson l'épreuve ne fut pas longue ; quelques mois plus tard un navire, envoyé par les autres missionnaires à la recherche de leur confrère, arrivait et embarquait l'unique survivant de l'expédition.

Après ces deux tentatives terminées si tragiquement, l'évangélisation des Fuégiens subit un temps d'arrêt. Cette période d'inaction fut cependant loin d'être inutile. Pendant ce temps, un jeune membre de la colonie de l'île Keppel, M. Thomas Bridge, apprit la langue indigène des quelques naturels qui étaient demeurés à la mission. Dès lors, des Fuégiens, sachant qu'ils seraient désormais compris des étrangers, vinrent s'établir à l'île Keppel. Grâce à M. Bridge, les missionnaires purent instruire les nouveaux arrivés, leur enseigner différents métiers, bref les élever ¡peu à peu au-dessus de la condition de chasseurs et de pêcheurs.

En 1869 seulement, une nouvelle tentative d'établissement à la Terre de Feu fut entreprise sous la direction de M. Stirling, aujourd'hui évêque des Falkland. Sur une langue de terre verdoyante de la côte de la baie d'Ouchouaya, le vaillant missionnaire s'établit dans une misérable hutte au milieu des indigènes. La situation n'était pas facile ; pour en sortir à son honneur, M. Stirling déploya les plus grandes qualités de tact.

Chaque jour des vols étaient commis à son préjudice ; afin d'en imposer à la population et de maintenir son prestige, M. Stirling devait punir les coupables et en même temps pas trop durement pour garder la sympathie de cette race inconsciente. Ce nouvel essai d'apostolat eut un plein

succès ; l'année suivante, M. Bridge prit la direction de la station évangélique, qu'il a gardée jusqu'à ces derniers temps, travaillant sans cesse
avec une ardeur infatigable au succès de cette
entreprise civilisatrice.

Depuis, la paix a presque toujours régné entre
les missionnaires et les Fuégiens. De temps à autre
il y a bien eu quelques incidents isolés ; somme
toute, aujourd'hui les prêtres européens font tout ce
qu'ils veulent des indigènes, les employant à la
culture, à l'ouverture des chemins ou à des travaux de bûcheron. Pour tout salaire les travail-
leurs reçoivent la nourriture et l'habillement ;
lorsqu'ils ont durement peiné pendant quelques
semaines, ils touchent une gratification supplé-
mentaire consistant en une chemise ou un gilet. Il
y a quelques années, ceux qui avaient consenti au
baptême recevaient en plus, tous les six mois,
quelques vêtements et quelques menus cadeaux.
Grand était l'attrait exercé par cette libéralité ; il
est donc permis de penser qu'elle détermina un
certain nombre de conversions. Actuellement tous
les Indiens sont baptisés, mais il en est peu, peut-
être même pas un seul, qui ait une conception
nette du christianisme. D'après M. Nordenskjöld,
absolument probantes sont les preuves du peu

d'influence que l'enseignement religieux a eu sur ces simples ; toutefois, suivant notre auteur, il serait injuste de nier les remarquables résultats obtenus en général par les missionnaires dans leur œuvre civilisatrice.

CHAPITRE VIII

Punta-Arenas et la région du détroit de Magellan.

Un wharf tout blanc qui s'avance loin en mer, en avant d'un damier de maisons, tel apparaît Punta-Arenas, vu du large.

Aux approches du port le paysage s'anime d'un pittoresque mouvement maritime. Le long de la jetée est mouillée toute une escadrille de canots et de petits vapeurs affectés aux services locaux; en avant, dominant cette foule d'embarcations naines, de longs courriers en relâche projettent leurs masses imposantes. Mais pénétrons en ville.

Au milieu, comme dans toutes les villes de l'Amérique du Sud, le damier des maisons est troué par un espace vide, destiné à servir de *plaza*, c'est-à-dire de promenade et de lieu de réunion lors des grandes fêtes. D'après Nordenskjöld, la municipalité ne s'est pas mise en grands frais pour décorer cette place, centre de la vie urbaine; aucune plantation ne l'ombrage, pas

de bancs ni de monuments, pour tout ornement
une simple balustrade. Autour, de grandes bâtisses
élèvent des façades qui ne sont pas sans pré-
tentions. D'un côté, le nouveau palais du Gouvernement, un vaste édifice en briques, percé
d'un nombre considérable de fenêtres, et qui a
l'air d'une construction à jour. Tout près apparaissent les fondations d'une église énorme élevée
par les Salésiens. Une autre face de la plaza est
formée par les palais des deux Nababs de Punta-
Arenas : Menendez et Noguera. Ces deux Espagnols arrivés, il y a quelque trente ans, sans sou
ni maille, possèdent aujourd'hui chacun plusieurs
millions de *pesos*. Après avoir fait fortune dans
le commerce de détail et en allant approvisionner
les petits ports voisins avec leurs propres navires
transformés en boutiques flottantes, ils ont agrandi
le champ de leurs opérations et ont réalisé des
gains énormes, en s'occupant de la recherche de
l'or, de culture et surtout de l'élevage du mouton.
Noguera est mort aujourd'hui ; sa veuve, dési-
reuse de soutenir l'éclat de sa maison, a fait construire, dans le style moderne, une grande bâtisse
à trois étages, dont les plans ont été dressés par
un architecte célèbre. Devant un pareil étalage,
Menendez ne s'est pas tenu pour battu, et a fait

PUNTA-ARENAS

édifier sur sa villa une haute tour à coupole dorée dominant toute la ville et dont les miroitements attirent au loin le regard.

LE QUAI DE PUNTA ARENAS

Près de la plaza se trouve le *cuartel*, la station de police, la plus vieille maison de la ville. De cette baraque en ruines, les détenus pourraient s'évader facilement en enfonçant les murs d'un coup de poing. Somme toute, Punta-Arenas n'a point l'air d'une bourgade perdue au bout d'un hémisphère; si la plupart des maisons sont en bois et couvertes d'un toit en tôle, nombre

de constructions ont fort bon air et la rue principale n'a point trop mauvaise apparence ; sous ce
rapport la ville pourrait soutenir la comparaison
avec n'importe quel gros bourg. En revanche, la
viabilité laisse singulièrement à désirer. Dans aucune autre ville du monde il n'est aussi dangereux
de circuler la nuit ; à chaque pas, pour ainsi dire,
on court le risque de se rompre le cou. « La traversée des crêtes les plus sauvages des Andes, des
forêts vierges des Tropiques ou de la Terre de
Feu, entraîne de grosses difficultés, raconte Nor
denskjöld, mais pareille entreprise est certes plus
aisée que le passage de certaines rues de Punta-
Arenas après une forte pluie, une fois le soleil
couché. Voici, par exemple, la grande rue ; la
chaussée est recouverte d'une sorte de macadam ;
la circulation y serait donc facile, si, près de la plaza,
elle n'était coupée par un profond fossé sur lequel
est simplement jetée une étroite passerelle dépourvue de parapets. Par une nuit noire et sans
réverbère, allez donc trouver le passage. Dans
une artère transversale c'est bien autre chose. Sur
toute son étendue un torrent formé par les eaux
pluviales a ouvert une tranchée profonde de deux
mètres. Un géologue est à coup sûr très heureux
de trouver au milieu d'une ville une coupe du ter-

rain sur lequel elle est bâtie, mais sa satisfaction sera moindre s'il doit circuler dans cette rue après une pluie. La chaussée devient alors un torrent, guéable seulement en de rares endroits. D'autres artères sont coupées dans toute leur largeur par des mares profondes ; seulement après une longue période de sécheresse, ces lacs assèchent. A la place de ces nappes croupissantes apparaissent alors des cadavres de chiens et de chats, des monceaux d'ordures, de tessons, de boîtes de conserves. Vienne la saison des pluies, la ville est transformée en un véritable marais à travers lequel on ne peut circuler qu'en suivant un trottoir fait d'une étroite planche posée le long des maisons. »

Punta-Arenas détient très certainement le record du monde pour l'abondance des cafés. Sur les 180 maisons et 1 800 habitants que la ville renfermait en 1890, on ne comptait pas moins de 65 établissements de ce genre, un débit pour vingt-cinq habitants ! Le climat est si rude et la vie si ennuyeuse dans ce bout du monde ! Une soirée au café, à jouer au billard et à déguster une *copita* quelconque, est la seule distraction des indigènes. Dans les bouges fréquentés par les matelots, des querelles sanglantes éclatent parfois ; à part ces incidents communs à tous les ports, la ville est calme et la sécurité complète. On peut cheminer le soir dans les rues sombres et même aux environs sans la moindre crainte.

« Pendant mon séjour, raconte M. Nordenskjöld, se produisit une rixe qui passionna la ville. Deux médecins, rédacteurs de feuilles ennemies, se battirent à coups de cravache en pleine rue jusqu'à ce que l'un d'eux restât sur le carreau. Par ordre supérieur la police n'intervint pas. »

D'après le recensement de 1895, Punta-Arenas comptait à cette date 3 100 habitants, la plupart de nationalité étrangère. L'augmentation a donc été très rapide, si l'on rapproche ce chiffre de celui de 1890. Toutes les principales maisons de commerce appartiennent à des Européens, notamment à des Allemands, des Anglais et des Espagnols. Quelques-unes, véritablement importantes, ont rapporté à leurs chefs une fort belle fortune. Aujourd'hui les temps sont plus difficiles, et l'avenir de la place ne serait point brillant. L'industrie est encore très peu développée ; Punta-Arenas ne renferme que quelques petites scieries dont les produits sont expédiés dans les Falklands et dans l'Argentine, une briqueterie et une brasserie. Le bas peuple étranger se divise en deux classes : les *Austriacos*, des Dalmates, des Grecs et des Ita-

liens du Nord, employés aux travaux des quais, et
une foule anonyme composée de matelots de
toutes les nationalités, déserteurs et aventuriers.
La plupart de ces frères de la côte s'établissent
comme ouvriers ou détaillants, tandis que d'autres,
attirés par la vie errante, partent à la recherche de
l'or ou deviennent gauchos ou bergers. Les Chiliens, les maîtres du pays, ont naturellement en
partage les emplois publics ; on peut même dire
que la colonie chilienne ne compte guère que des
fonctionnaires. A leur tête est le gouverneur dont
l'autorité s'étend sur tout le territoire magellanique, territoire plus vaste que certains États d'Europe. Autour de ce haut personnage gravitent les
agents de l'état ou du « territoire » et les officiers
des navires de guerre mouillés dans le port. Dans
la « société » de Punta-Arenas, ces fonctionnaires
et ces officiers forment un groupe très fermé dans
lequel seuls les gros bonnets du commerce sont
admis, encor n'est-ce qu'après un très long séjour
dans le pays. En dehors de ce monde brillant, la
ville compte un certain nombre de Chiliens exer-
çant des métiers très divers. Il y a quelques années, en vue d'augmenter les ressources en main-
d'œuvre et de développer la colonisation dans le
territoire magellanique, le gouvernement expédia

à Punta-Arenas plusieurs centaines d'habitants de Chiloé et de la côte voisine. L'essai n'eut aucun succès. Les émigrants, auxquels on avait donné le logement dans les faubourgs, refusèrent de travailler une fois qu'ils eurent le pain quotidien assuré.

Une question toujours intéressante pour le voyageur est celle du prix de la vie. D'après Otto Nordenskjöld, il ne serait pas particulièrement élevé à Punta-Arenas. Plusieurs marchandises européennes sont même meilleur marché ici que dans les autres ports de l'Amérique du Sud, en raison de l'absence de droits de douane. Dans le meilleur hôtel on payait, en 1896, environ dix francs par jour pour la chambre et la pension. Mais les *copas* et les *copitas* sans nombre, dont l'absorption est obligatoire chaque fois que l'on rencontre un indigène que l'on connaît, font singulièrement monter l'addition. En revanche, la main-d'œuvre est très élevée : pour le débarquement de son bagage on paie une soixantaine de francs, pour un blanchissage soixante-dix francs.

Punta-Arenas appartient au Chili. Cette ville se trouve en dehors des territoires que l'Argentine et le Chili se disputent actuellement en raison de l'obscurité des termes du traité qui a réglé leurs

ENVIRONS DE PUNTA-ARENAS

frontières. La limite entre les deux républiques est aujourd'hui fixée dans toute l'étendue de la Terre de Feu et à travers la région basse de la Patagonie ; dans ces dernières régions elle est tracée au milieu de la forêt par un gigantesque abatis.

La première colonie fondée sur les rives du détroit de Magellan fut établie en 1843 ; installée sur l'emplacement de Port-Famine, abandonné deux cent cinquante ans auparavant, elle fut transportée à Punta-Arenas en 1849. Jusqu'en 1877 elle servit principalement de lieu de déportation. Quoi qu'il en soit, la nouvelle ville acquit promptement une certaine prospérité, grâce à sa situation. C'est, en effet, la seule localité habitée entre Montevideo et Talcahuano, soit sur une distance de 3 000 milles marins ; par suite les grandes lignes de vapeurs y établirent de bonne heure une relâche régulière. Le mouillage n'est pourtant pas des meilleurs : une rade foraine, peu abritée des vents d'Est ; souvent lorsque la brise souffle de ce côté en tempête, toute communication est interrompue entre les navires et la terre.

En 1877, les déportés et la troupe chargée de les surveiller se révoltèrent de concert, brûlèrent et pillèrent la ville puis massacrèrent une

partie de la population. La révolte fut durement
réprimée. Pour prévenir le retour de pareilles
saturnales, le gouvernement chilien jugea pru-
dent de restreindre désormais le nombre des déportés. Les ruines causées par cette émeute une
fois réparées, la ville se développa rapidement,
la découverte de l'or, puis l'élevage du mouton
attirant un nombre de plus en plus grand de
colons et déterminant par suite en même temps
une augmentation de trafic. Aujourd'hui le mouvement du port est très actif ; Punta-Arenas est
devenu un centre d'approvisionnement pour toutes
les petites villes chiliennes et argentines voisines.
Et cette prospérité s'accroît de jour en jour en
raison du développement extraordinaire que prend
l'élevage du mouton. Dans un avenir prochain,
une autre source de profit encore inexploitée
augmentera peut-être l'importance de cette station.
Près de Punta-Arenas se trouve un gîte de char-
bon ; il y a quelques années, l'abattage en fut
commencé et une ligne ferrée de huit kilomètres
construite, pour amener la houille au quai d'em-
barquement. Ces travaux coûteux effectués, l'entreprise, ne donnant aucun bénéfice, fut aban-
donnée. D'après M. O. Nordenskjöld, l'exploitation se présenterait, au contraire, dans des

conditions avantageuses. Le filon couvre une
grande étendue. D'ailleurs, dans plusieurs localités de la Terre de Feu d'autres gisements ont

LA BAHIA INUTIL

été découverts, au Sud de la Bahia Inutil et près
de Skyring Water.

M. Nordenskjöld a fait huit séjours plus ou
moins longs à Punta-Arenas. Accueilli et reçu
avec sympathie par tous les habitants, il a étudié
la vie de cette capitale australe et recueilli d'in-
téressants détails qu'il nous paraît curieux de
reproduire.

« La plupart des fonctionnaires chiliens, écrit notre auteur, viennent ici, le plus souvent sans leur famille; ce trou perdu à la frontière de la zone australe effraie les belles créoles habituées à la vie gaie et amusante des grandes villes. De cette habitude dérive l'importance qu'ont prise les cafés et les cercles dans la vie sociale. Parmi ces centres de réunion le club allemand, fondé récemment, jouit d'une considération spéciale. Ce cercle constitue en quelque sorte un petit coin de l'Allemagne, où toutes les fêtes nationales sont chaleureusement célébrées aux accents des hymnes patriotiques et en vidant force chopes absolument comme dans les brasseries d'outre-Rhin.

« Un grand nombre de commerçants sont mariés, plusieurs à des Chiliennes. Aussi, pour dissiper l'ennui, tout le monde s'ingénie à organiser des fêtes et des réunions. Les représentations théâtrales ou de cirques, les concerts sont relativement fréquents. Toutes les troupes qui passent sur les paquebots ne manquent jamais de s'arrêter à Punta-Arenas et elles y font d'excellentes affaires.

« Mais la plus grande distraction des habitants est le passage des paquebots et des navires de guerre. Pendant la relâche des vapeurs postaux des bandes de touristes visitent la ville et naturellement le débarquement de tous ces hôtes de quelques heures excite la curiosité, en même temps qu'il fournit un aliment aux potins. De son côté, la société. punta-arenaise se rend à bord pour se rapprocher du monde extérieur dont elle est pour ainsi dire claustrée. L'arrivée d'un navire de guerre est saluée encore avec plus de satisfaction, car elle peut entraîner des réjouissances imprévues. Les compatriotes des officiers organisent, en l'honneur de leurs hôtes, des bals ou des réceptions et en pareil cas l'état-major du navire rend la politesse. Autant d'occasions de plaisirs, qui dissipent pendant quelques heures l'ennui habituel. »

Le détroit de Magellan, sur les bords duquel a été construit Punta-Arenas, a une très grande importance commerciale. Ce passage abrège de 300 milles le trajet de Montevideo à Valparaiso; de plus, il permet aux bâtiments d'éviter les dangereux parages du cap Horn. A ces deux avantages ajoutez que, dans sa plus grande étendue, le chenal est très sain, pour employer l'expression maritime, c'est-à-dire ne renferme aucun récif. Seulement dans sa partie orientale, les courants et la présence de bancs de sable rendent la navigation pénible. Malheureusement les calmes interdisent cette route aux voiliers ; pour remédier à cet inconvénient il est question d'établir aux deux extrémités du passage une station de remorqueurs. Si la navigation dans le détroit de Magellan ne présente pas grande difficulté, il n'est pas précisément aisé de découvrir son entrée en raison des brumes qui enveloppent presque constamment ces parages. Parfois même il est impossible d' « embouquer » le chenal, tellement le temps est « bouché ». Pour guider les navires le gouvernement chilien a fait édifier un phare à l'entrée Ouest, sur les Evangelistas. Cet îlot est vraisemblablement la localité la plus brumeuse et la plus tempétueuse du globe. Une année, dit-on, on y a enregistré 361 jours de pluie et seulement une dizaine d'apparitions du soleil.

Pour ravitailler les ouvriers pendant la construction du phare on employait un petit vapeur particulièrement solide ; néanmoins tel était l'état de la mer que ce navire ne pouvait souvent arriver jusqu'à l'îlot. Il fallait alors aller ancrer dans un mouillage voisin et pendant des semaines, voire même pendant des mois, attendre une embellie pour expédier par canot les provisions et le matériel nécessaires.

Chaque semaine un vapeur fait le service entre Punta-Arenas et l'entrée Est du détroit. Ces communications régulières ont déterminé un grand nombre de colons à s'installer dans ces parages; de ce fait cette région est la plus peuplée des terres magellaniques. Par Porvenir, la côte Nord de la Terre de Feu se trouve également reliée à Punta-Arenas. De ce côté on rencontre les grandes *estancias* de Springhill, Gente-Grande, Porvenir, et, plus au Sud, celle de la Bahia Inutil, située à huit heures de mer de la capitale de la région. Cette dernière estancia, qui appartient à une Compagnie anglo-chilienne, a une étendue d'un million d'hectares. Comme loyer de la terre pèndant vingt ans la Société paie au gouvernement la somme de cent mille pesetas (186 000 francs) ; encore il est convenu que ce paiement est acquitté sous forme de travaux d'aménagement du pays. Ici l'élevage du mouton n'a commencé qu'en 1894 ; trois ans plus tard la population ovine était déjà de 75 000 têtes ; dans dix ans, de l'avis de M. Nordenskjöld, elle atteindra le demi-million.

La station principale, Pantano, pittoresquement située sur le bord d'un ruisseau, au-dessus de la côte, se présente comme un village. La résidence du directeur de l'exploitation, un Anglais, est une belle villa garnie de vérandas et de serres ; telle l'habitation d'un propriétaire aisé de la Grande-Bretagne. On entre et devant vous s'ouvrent des pièces claires garnies de tentures élégantes, de tapis moelleux ; une impression de confort et de *sweet home*. Derrière cette coquette habitation une colline porte un groupe de bâtiments rouges ou jaunes, habitations des ouvriers, bureaux, ou hangars pour la tonte des moutons, — opération qui se fait maintenant au moyen de machines. Autour, en fait de jardin, quelques carrés de radis. Point d'arbres, à perte de vue une plaine morne d'une infinie tristesse sur laquelle gémit sans cesse un vent glacial.

Dans cette région la lutte entre les blancs et les Indiens est toujours acharnée. Les ossements épars dans la plaine témoignent de ces rencontres sanglantes qui ne prendront fin qu'après la destruction du plus faible.

CHAPITRE IX

Exploration dans le Sud de la Patagonie. — Chabunco. — La
vallée du Gallegos Chico. — Dans la région des Andes.

A la fin de 1896, M. Nordenskjöld entreprit une
exploration dans le Sud de la Patagonie. Dans
le bassin du rio Gallegos un syndicat belge ayant
acquis une concession de 10 000 kilomètres carrés,
chargea le jeune et savant explorateur suédois de
le renseigner sur la valeur de cet immense territoire. Celui-ci avait immédiatement accepté l'offre
qui lui était adressée, voyant dans cette nouvelle mission l'occasion d'étendre et de continuer
ses études.

« Arrivé à Punta-Arenas dans les premiers jours
de novembre, raconte M. Nordenskjöld, je ren-
contrai Don Lorenza de Bray, le représentant de
la Compagnie belge, établi depuis longtemps dans
cette ville et par suite en relations avec tous les
gens du pays. Il avait reçu l'ordre de m'accom-
pagner et de me prêter la plus large assistance.

UN VAQUEANO CHILIEN

Un appui important dans la tâche toujours si difficile d'organiser une caravane. En premier lieu, il s'agissait d'engager un bon guide, un *vaqueano* expérimenté ; il est certes aisé de se diriger dans la région que nous allions aborder, mais nous aurions souvent à traverser de grosses rivières qui ne présentent que de rares gués ; pour trouver ces passages, l'assistance d'un homme connaissant bien le pays était absolument nécessaire. Moyennant un salaire mensuel de cent *pesos* chiliens (186 fr.), nous nous assurâmes le concours du meilleur *vaqueano* de la région, un nommé Angel Brunel, le vrai type du gaucho de la Pampa, un centaure, capable de monter et de dompter les animaux les plus rebelles. Avec cela, jamais embarrassé pour

EN TENUE DE ROUTE

trouver sa route au milieu de ces plaines unies comme l'Océan, où l'œil exercé du géologue ne découvrirait pas le moindre accident de terrain sur des espaces infinis.

« Nous engageâmes en outre deux Chiliens ; trois volontaires se joignirent à nous : le fils d'un négociant de Punta-Arenas et deux vieux chasseurs que la société de notre *vaqueano* attirait et qui pensaient trouver du gibier en abondance dans la région que nous allions aborder. Notre caravane comprenait en tout huit personnes, cinquante-cinq chevaux et une vieille mule, à laquelle échut l'honneur de porter la caisse des instruments.

« Le 16 novembre 1896, nous quittons Punta-Arenas pour aller coucher à Chabunco, une petite auberge tenue par un Français, à quelques heures au Nord de la ville, sur les bords d'un ruisseau. L'emplacement de cet établissement avait été judicieusement choisi, près d'un pont, devant l'unique route du pays, par suite sur le passage de tous les gens qui apportaient leurs marchandises au grand marché de la région.

« Le lendemain, nous avançons rapidement. Plus l'on s'éloigne de Punta-Arenas, plus mauvaise devient la route ; finalement elle se perd dans un marais, où la caravane s'embourbe. Un mois plus tard la traversée de ce marécage aurait été impossible.

..... *17 novembre.* « Un vrai temps de Patagonie : une tempête d'Ouest accompagnée de grains de grêle et d'averses de neige. Telle est la violence du vent qu'il est impossible de rester es selle et que les bêtes refusent d'avancer. Nous mettons donc pied à terre ; enveloppés dans nos manteaux, couchés à l'abri de nos chevaux, nous attendons que l'ouragan mollisse.

..... « Le temps s'éclaircit. Aux approches de la Cabeza del Mar, le chemin est meilleur. A francs étriers nous galopons pour atteindre, sur les rives de cette curieuse baie, un hôtel, le plus grand et le meilleur de la Patagonie. Un hôtel dans ce désert ! C'est qu'ici le trafic est assez important, sur la grande route de Punta-Arenas au Gallegos.

« Après un repos de quelques heures, en selle de nouveau. Nous quittons les grands chemins pour nous engager dans une région coupée de fondrières. A chaque instant, nous tombons dans des marécages absolument impraticables ; pour éviter cette bourbe, de longs détours deviennent nécessaires. Le pataugis est effroyable et épuise les chevaux de bât. Très tard seulement la caravane arrive au gîte, à Pozo de la Reina, une misérable petite auberge, le dernier avant-poste de la civilisation. Au-delà commence la contrée presque déserte qui s'étend autour du Gallegos. »

Dans cette localité, arrêt de trois jours pour organiser la caravane. Après cela commence un haut plateau superbe, presque désert, un paysage lugubre ; dans cette monotonie triste, on sent doublement la fatigue.

23 novembre. Nous passons la frontière entre le Chili et l'Argentine. Au delà s'ouvre la vallée relativement verdoyante du Gallegos Chico. Au milieu de cette fraîcheur apparaît une petite maisonnette. Un colon est venu s'établir dans cette solitude pour tenter la fortune. Quelle différence avec les grandes *estancias* de la Terre de Feu! C'est que dans ce dernier pays la colonisation est entreprise par de riches et puissantes compagnies, tandis qu'ici elle est l'œuvre d'individualités. Ces pionniers ont, par suite, des débuts modestes, et doivent partager une hutte avec leurs ouvriers jusqu'au jour où les bénéfices leur permettront d'élever une habitation. Le lendemain, encore un ouragan, et d'une telle violence que le départ doit être différé. Les chevaux ne pourraient soutenir l'effort du vent sur le plateau dénudé. Pour passer le temps nous nous rendons chez un colon chilien, un original connu dans toute la contrée. Brillant officier de cavalerie, il avait été banni à Punta-Arenas pour avoir pris part à la révolution de 1890. Pareille aventure est fréquente dans l'Amérique du Sud, mais, généralement, une fois les passions politiques apaisées, une amnistie ou une remise de peine est accordée aux conjurés. Notre homme ne voulut profiter d'aucune grâce :

dans son exil, il s'était épris de la vie libre à travers les steppes et s'était établi chez une tribu patagone, qu'il suivait dans ses chasses comme dans ses pillages. Finalement il avait épousé une indigène. Nous trouvâmes ce nouveau Robinson installé dans une hutte en pierres sèches et en tourbe très primitive. Aujourd'hui, les événements politiques laissent froid l'ancien révolutionnaire; en vrai Patagon qu'il est devenu, seuls les chevaux l'intéressent, et avec fierté il nous montre son troupeau de bêtes superbes réuni dans le *corral*.

25 novembre. La tempête, après s'être apaisée

dans la nuit, reprend le matin. Nous ne pouvons éternellement demeurer bloqués; il faut tenter une sortie. Tandis que la caravane s'acheminera vers l'embouchure du Zurdo où elle campera, je gagnerai directement le Gallegos pour rejoindre ensuite mes camarades en remontant cette rivière.

..... Des lignes de hauteurs séparées par d'étroits et profonds ravins. Les bords de ces dépressions sont parfois des murs de basalte; il a dû évidemment se produire ici une érosion puissante, à une époque antérieure; actuellement ces ravins sont pour la plupart à sec. Quelques heures de chevauchée nous amènent sur une protubérance de terrain; au pied s'ouvre une profonde vallée, large de cinq kilomètres environ, dans laquelle coule le Gallegos, un des plus puissants fleuves de la Patagonie. De tous côtés des horizons de plateaux nus; au milieu de cette uniformité terrestre, pareille à celle de l'Océan, émergent, comme des îles, quelques mamelons, vestiges, semble-t-il, d'anciens cratères aujourd'hui détruits.

..... Nous suivons le lit du Gallegos. Ici le paysage est aussi monotone que sur le plateau; point de découverte de pays, point de formes variées dans les mouvements du terrain. Nous cheminons au fond d'un fossé.

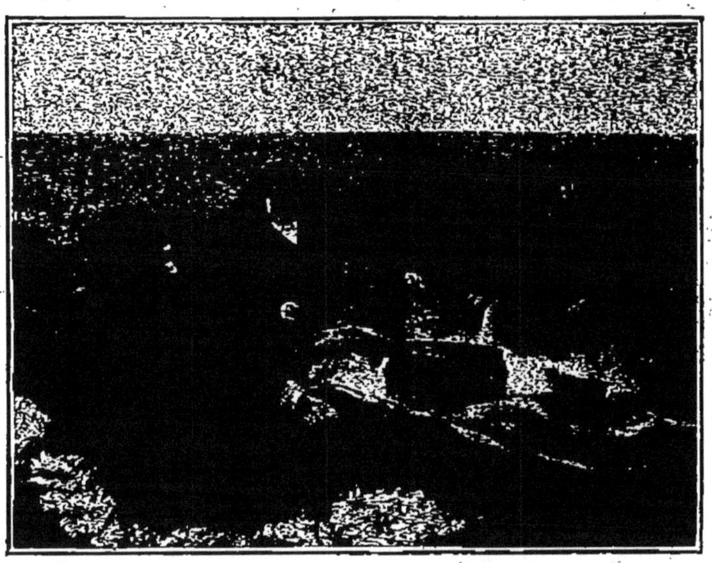

CAMP DANS LE STEPPE

..... Après plusieurs heures de marche, voici l'embouchure d'un affluent. Est-ce le Zurdo où nous avons donné rendez-vous à la caravane? Ce n'est pas mon avis, et nous poussons en avant. Des rafales, toujours terribles, soulèvent des tourbillons de poussière et nous lancent à la figure une mitraille meurtrissante de graviers. Toujours nous galopons et toujours rien ne paraît à l'horizon. Les chevaux fourbus n'avancent plus que lentement. Évidemment nous allons être obligés de nous arrêter et de bivouaquer sans tente et sans vivres. J'essaie d'allumer un feu, dans la pensée de signaler notre présence à nos camarades, mais le gazon mouillé éteint les allumettes. Nous remontons en selle ; enfin, dans un vallon verdoyant, des blancheurs annoncent le campement.

..... Passé le Zurdo, le décor change. A la place de hauts plateaux déserts couverts de graviers, ce sont maintenant des terres basses ; elles s'étendent jusqu'au célèbre fjord de l'Ultima Esperanza, cette ramification du Pacifique qui coupe la Cordillère et qui vient se terminer à la lisière des plaines patagones. Voici enfin des arbres, les premiers depuis Punta-Arenas ; ils sont rabougris et cantonnés dans les ravins ; mais à mesure que l'on avance vers l'Ouest, ils deviennent plus nombreux, plus grands, et, finalement, avant le bord de la mer, forment des bois si compacts que l'on ne peut les traverser que la coupette en main.

Cette terre basse, qui comprend le bassin supérieur du Gallegos, est limitée, au Nord, par des collines isolées. Entre ces accidents de terrain s'ouvrent d'étroites vallées, lesquelles conduisent dans une autre dépression. Cette dernière cuvette, traversée dans sa partie centrale par le rio Viscachas, renferme deux vastes nappes, les lacs Maravilla et Sarmiento, dont les extrémités occidentales sont logées dans la Cordillère des Andes.

LE LAC SARMIENTO

Tout le versant oriental de ce puissant massif est jalonné de vastes dépressions lacustres semblables qui, par l'effet de l'érosion régressive, ont été capturées au profit du versant Pacifique ; leurs émissaires traversent les montagnes, alors que leur drainage devrait s'effectuer vers l'Est, vers les plaines patagones.

Le sol des bassins visités par Nordenskjöld est constitué, soit par de l'argile, soit par des sables argileux renfermant, en plus ou moins grande abondance, des blocs à angles saillants. Cette formation, parfois nettement stratifiée, présente le plus souvent un faciès très bizarre, ressemblant aux dépôts morainiques par la présence de blocs striés, et en même temps offrant une certaine régularité dans l'agencement des matériaux. Ces terrains sont, sans aucun doute, d'origine glaciaire. Toutes ces régions basses étaient recouvertes d'eau, et, dans la partie occidentale de ces nappes trempait le front des glaciers. Il se produisait là une sédimentation régulière, tandis que, dans les eaux peu profondes, les glaces flottantes apportaient une masse considérable de matériaux, et donnaient naissance à ces dépôts d'aspect morainique. Une partie de ce terrain doit même dériver de la moraine de fond déposée par le glacier dans ces bassins. Suivant toute vraisemblance, les eaux qui occupaient ces dépressions étaient douces [1].

Après cette digression géologique, revenons au récit du voyage. La caravane a maintenant à franchir le Gallegos, un large torrent tout bouillonnant. Quelques chevaux sont poussés à l'eau ; ils perdent pied presque aussitôt, et, quoique nageant vigoureusement, sont repoussés par le tourbillon vers la rive.

A vouloir s'entêter dans l'entreprise, on perdrait toute la cavalerie. En présence de cette situation, le seul parti consiste à tourner l'obstacle en opérant un long circuit autour du bassin du fleuve.

Le 2 décembre seulement, M. Nordenskjöld atteignait les sources de la branche Nord du Gallegos, situées à quelques heures seulement des rives de l'Ultima Esperanza. C'est qu'ici le Pacifique a coupé la Cordillère des Andes dans toute son épaisseur et pénètre par ce fjord jusque sur le versant Est de ce relief. C'est de cette situation et de phénomènes de « capture » très fréquents au Sud du 46e degré de latitude méridionale qu'est né le grave

1. *Svenska expeditionen till Magellanslanderna*, I. 2. — Otto Nordenskjöld, *Uber die posttertiæren Ablagerungen der Magellanslænder nebst einer kurzen Uebersicht ihrer tertiæren Gebilde.* Stockholm, 1898.

ABATIS D'ARBRES MARQUANT LA FRONTIÈRE CHILO-ARGENTINE
DANS LA FORÊT FUÉGIENNE

conflit qui divise actuellement l'Argentine et le Chili. Un traité signé en 1881 par ces deux républiques stipule que leur frontière suivra la ligne des plus hauts sommets de la Cordillère des Andes qui partagent les eaux. Or, ce puissant relief est découpé transversalement dans toute son épaisseur par des vallées qui apportent au Pacifique les eaux de vastes bassins hydrographiques situés à l'Est de la Cordillère des Andes, et qui s'étendent souvent jusque dans la zone de la pampa, et à l'Est de ces rivières la ligne de partage des eaux du continent n'est le plus souvent marquée que par des moraines et des marais.

En présence de ces faits, des divergences se sont élevées entre les fonctionnaires chiliens et argentins chargés des opérations d'abornement ; les premiers réclamant comme limite la ligne de partage des eaux du continent, alors même qu'elle se trouve en plaine ; les seconds la crête principale de la Cordillère des Andes, laquelle est découpée par les vallées de fracture signalées plus haut. Un protocole de 1893 stipule expressément que la ligne des sommets les plus élevés de la Cordillère des Andes qui séparent les eaux constitue la frontière entre les deux républiques. « En conséquence, toutes les terres et toutes les eaux qui se

trouvent à l'Orient de la ligne des sommets les
plus élevés de la Cordillère des Andes qui séparent
les eaux feront partie à perpétuité du territoire de
la république Argentine, et toutes les terres et
toutes les eaux qui se trouvent à l'Ouest des sommets les plus élevés de la Cordillère des Andes
qui séparent les eaux seront considérées comme
faisant partie intégrante du territoire chilien. » Sur
ce texte, pourtant très clair, les deux parties n'ont
pu se mettre d'accord, les Argentins tenant pour
la ligne des plus hauts sommets des Andes, les
Chiliens pour la ligne de partage des eaux du continent. Finalement, les deux républiques ont décidé
de soumettre le règlement de leur différend à l'ar-
bitrage de la Grande-Bretagne. Néanmoins des
incidents tout récents ont failli mettre aux prises
les adversaires.

Le bassin du Gallegos est séparé, dans le Nord,
de la cuvette renfermant les lacs Sarmiento et
Maravilla, par un haut plateau qui, à la Punta
Alta, s'élève à 1000 mètres. De ce haut belvédère
se découvre naturellement un panorama grandiose. Dans l'Ouest l'horizon montre la dentelle
neigeuse de la Cordillère des Andes, précédée de
plateaux et de pyramides également chargés de
glaciers. De l'autre côté du plateau, vers le Nord,

TRANCHÉE PRATIQUÉE DANS LA FORÊT POUR LE TRACÉ DE LA FRONTIÈRE CHILO-ARGENTINE

11

LE MASSIF DE PAYNE DANS LES ANDES PATAGONES

s'ouvre une vallée, entourée de montagnes de
5 à 600 mètres, couvertes de gazon jusqu'aux sommets et de forêts sur leurs versants. Après trois
jours de marche dans ce couloir, la caravane
débouche dans le large bassin drainé par le Serrano. Au milieu de cette plaine, ce rio, aussi considérable que le Gallegos, serpente en méandres
innombrables, incertain de la direction qu'il doit
suivre. Vers le Nord, cette cuvette est limitée par
le massif de Baguales, hérissé de pics et d'aiguilles. Ce relief était originairement un morne
plateau ; plus tard les érosions ont sculpté des

saillies pittoresques dans son épaisseur. Et, au milieu de ce cadre de cimes blanches, un grand lac sombre avive par sa tonalité l'éblouissement des neiges. Ce vaste bassin, d'une très grande fertilité, abondamment arrosé, est encore presque désert. Trois colons seulement y sont établis depuis quelques années ; ils possèdent en tout 15 000 moutons. La compagnie belge, pour le compte de laquelle cette expédition avait été entreprise, se proposant de créer des établissements dans cette contrée, Nordenskjöld y séjourna un mois, afin d'en reconnaître consciencieusement les ressources. La première question à étudier était celle des communications avec la mer. Une première voie est tracée par le rio Serrano, l'émissaire du lac Maravilla, qui vient déboucher dans l'Ultima Esperanza. Une seconde route semble ouverte par une dépression de la crête des Andes, laquelle paraît correspondre au canal de Peel sur le versant Pacifique. Pour élucider ce problème topographique, Nordenskjöld entreprit une très intéressante expédition.

Au début, l'entreprise paraît facile... On avance au milieu d'un passage superbe. Voici un nouveau lac, le Sarmiento, situé au Nord du Maravilla. Dans l'Ouest de cette nappe le puissant massif de

LE LAC DE PAYNE

Payne, chargé de glaciers, forme un grand relief blanc, tandis que de tous côtés le sol se lève en hautes et belles montagnes. Mais, à mesure que l'on avance, le terrain devient singulièrement difficile, hérissé de monticules couverts de blocs, puis déchiré par une étroite vallée marécageuse où les chevaux réussissent avec peine à se dépêtrer de la bourbe. Au milieu de la forêt, la marche est encore plus pénible. A chaque pas le passage se trouve barré, tantôt par des amoncellements inextricables de bois, tantôt par des crevasses du sol.

Après trois jours de cet exercice, la caravane arrive dans la vallée qu'elle se propose d'explorer. Dans sa partie inférieure cette dépression est occupée par un lac large d'environ cinq kilomètres, enfermé dans une enceinte de murailles à pic. De cette nappe sort un torrent trop gros pour être guéé. « Je prends alors, raconte Nordenskjöld, le parti de suivre la rive septentrionale. Alors commence une chevauchée absolument folle. Sur le bord de l'eau, pas la moindre berge ; nous escaladons des rochers à pic couverts d'enchevêtrements inextricables de taillis et de souches mortes, et, sous les pieds des chevaux, s'ouvrent des ravins comme des fissures dans le sol ; un pas de plus et tout le monde roulerait dans un précipice. Pour contourner ces crevasses, de longs détours sont nécessaires. Enfin nous parvenons à l'extrémité supérieure du lac.

« Le lendemain, nous continuons à remonter la vallée. Le terrain est un peu meilleur. Par endroits s'étendent des nappes de graviers sur lesquelles il devient possible de galoper. Mais cela dure peu. Bientôt se montrent de nouveau des marais diaboliques ; à chaque instant les chevaux s'enlizent, et pour les retirer de ces bourbiers, ce n'est pas un petit travail. Et toujours la forêt, et toujours la hache en main.

« C'est dans ces circonstances que se révéla le

sens topographique véritablement merveilleux de notre *vaqueano*. La caravane se trouvait empêtrée dans une brousse inextricable, au milieu d'un marécage. Les chevaux ne pouvaient plus faire un pas. Aussitôt le guide partit en avant. Pendant des heures j'erre avec lui au milieu des bois, sans pouvoir distinguer quoi que ce soit ; comment, après cela, pourrons-nous retrouver les chevaux ? Nous battons en retraite ; nous faisons autant de détours qu'à l'aller pour franchir les fourrés impénétrables. Comment diable le *vaqueano* peut-il reconnaître sa route au milieu de cette forêt partout pareille ? Tout à coup quel n'est pas mon étonnement de me trouver face à face avec la caravane !

« ..... Dans la soirée, nous arrivons enfin sur un monticule qui émerge au-dessus de l'océan de verdure ; pour la première fois je puis avoir une vue d'ensemble sur le pays.

« Le lendemain, dès le point du jour, je m'achemine vers la montagne. La vallée que je suis montre des stries et des polis, traces évidentes d'une ancienne glaciation. Ses parois sont escarpées, souvent même à pic, et comme elle est occupée dans toute sa largeur par le torrent, la seule voie qui m'est ouverte est un sentier de guanacos,

absolument aérien. Le moindre faux pas, je ferais
une chute de plusieurs centaines de mètres dans la
rivière. Plus loin, voici de nouveau la forêt et des
collines couvertes de végétation, puis finalement
le glacier. Le panorama est grandiose. Devant
moi se déroule un immense plateau couvert de
glace ; au milieu surgit un *nunatak* [1], une haute
dent rocheuse toute noire, que mes compagnons
proposent d'appeler le *Cerro del Cisne* (Mont du
Cygne). De cette nappe descend un superbe glacier dont une partie s'étend dans un beau lac et
auquel je donne le nom du baron Dickson, le
Mécène de notre expédition. Il est situé entre deux
et trois cents mètres d'altitude. Dans cette nappe,
le glacier se termine par une muraille haute d'une
douzaine de mètres qui, en se délitant, donne
naissance à de petits icebergs.

« ... Les ombres du soir descendent lentement,
peu à peu la nature s'enveloppe d'une douce
pénombre et dans cette fin de jour la sensation
du paysage devient aiguë. C'est l'heure émou-
vante.

« ... Avant la nuit je dégringole en hâte pour

---

1. Vocable groenlandais introduit dans la terminologie géogra-
phique pour désigner les pics rocheux isolés au milieu des
nappes de glace.

BIVOUAC ÉTABLI PRÈS DES PREMIÈRES NEIGES DANS LA CORDILLÈRE DE LAS BAGUALES

LE GRAND GLACIER DICKSON

passer les fourrés les plus épais. Aux dernières clartés, arrivé sur le bord d'une petite nappe d'eau, j'installe mon bivouac, je fais un grand feu, et après avoir avalé un verre d'eau comme souper, je m'étends sous un abri de branchages. Le lendemain dès l'aube je me remets en route pour rallier le campement, juste au moment où le soleil commençait à dorer les neiges des Andes. »

CHAPITRE X

L'EXPÉDITION passa la semaine de Noël, si chère
aux Scandinaves, chez des colons écossais installés dans ce désert pour pratiquer l'élevage en
grand du mouton. Pas très confortable leur installation : une baraque en bois exposée à tous les vents,
renfermant seulement deux pièces : une salle à
manger, servant en même temps de magasin et de
dortoir pour la domesticité, et une chambre pour
les propriétaires. Mais ces pionniers sont des gens
solidement trempés ; habitués à tout le confort de
la vie civilisée, ils n'ont pas hésité à venir s'installer en pleine solitude et à mener la rude vie du
pionnier au milieu de la nature vierge ; ils reste-
ront ici quelques années, le temps de faire une
jolie fortune, puis retourneront en Écosse pour
jouir du fruit de leur âpre travail. Mieux vaut
peiner rudement pendant quelque temps que de

passer toute sa vie dans l'étroitesse mesquine d'une condition médiocre. Ces trois colons ont obtenu une concession de quarante-cinq mille hectares; cette année ils ont eu dix mille moutons, l'an prochain ils en auront quinze mille. Pas gaie, la vie dans cette solitude. Seulement, une fois par mois la poste arrive; encore doit-on aller la chercher soi-même à cent kilomètres de là; pour gagner Punta-Arenas; il ne faut pas moins de quatre jours d'une chevauchée rapide; en hiver le voyage devient même impossible en raison de la hauteur des cours d'eau.

Pour monter une de ces fermes d'élevage un capital de 40 à 55 000 francs est nécessaire, d'après M. O. Nordenskjöld. Le kilomètre carré de bonne terre se paie 420 francs, et il est inutile de tenter une exploitation sans un domaine d'une centaine de kilomètres carrés.

L'élevage du mouton en Patagonie donne des résultats beaucoup plus sûrs qu'une mine d'or ou d'argent. Les premiers qui se lancèrent dans cette industrie sont aujourd'hui archi-millionnaires; te qui possède actuellement cinquante ou cent mille moutons a commencé par l'état de simple pâtre. Mais, pour arriver à ce résultat, il ne faut pas craindre les tristesses de la vie dans le désert. Les

LA PAMPA AU NORD DE PÁRAMO

éleveurs établis dans la région forestière ne sont pas encore trop à plaindre ; ils se trouvent au milieu d'une nature riante et ont à discrétion du bois pour se chauffer : avantage qui n'est pas à dédaigner dans un pays où, l'hiver, la température tombe à dix-sept ou dix-huit degrés sous zéro. Combien plus morne est l'existence des *settlers* installés dans la région des plaines ! Le paysage est lugubre et sa monotonie pesante doit à la longue agir sur l'esprit de l'habitant. Pas un arbre, pas même un arbuste ; rien qu'une immense platitude boursoufflée par de rares renflements de terrain. A l'abri de ces vagues sont blotties quelques petites cassines, toutes basses pour donner moins de prise au vent, habitation de quelque éleveur. A force de travail, les colons sur les bords du détroit de Magellan ont, cependant, réussi à vaincre la nature, et après quelques années de séjour ils parviennent à transformer leur abri en grands établissements entourés d'une végétation relativement développée.

Après l'élevage, la principale richesse des terres Magellaniques est l'or. La présence du précieux minerai a été constatée, dès 1870, sur le bord de la côte et dans le lit des rivières, et pour la première fois près de Punta-Arenas. Naturellement, cette découverte a amené immédiatement dans le pays un grand nombre d'émigrants. De riches trouvailles ont été faites, mais elles ne sont pas fréquentes. En 1894, une pépite pesant 194 grammes fut mise à jour; on la montrait comme une véritable rareté. De l'avis de Nordenskjöld, il n'est guère probable que la Terre de Feu devienne jamais un Klondyke. Les plus riches placers se rencontrent dans les cours d'eau voisins de Porvenir, notamment dans le rio del Oro et à l'île Lennox. Dans cette dernière localité, le plus beau profit fut réalisé par de pauvres naufragés: en 1890 et 1891, de douze à quinze cents kilogrammes d'or furent extraits de cette île. Comme il arrive toujours en pareil cas, des milliers d'orpailleurs s'abattirent sur ce gisement, mais leurs efforts ne furent guère couronnés de succès.

Parmi les autres produits du pays, citons ceux de l'exploitation des forêts, particulièrement active dans la partie de la Terre de Feu qui appartient à l'Argentine. Dans cette région ont été installées plusieurs scieries. Leurs produits sont exportés à destination des provinces déboisées de la république. La pêche pourrait peut-être devenir une industrie importante, car tous les fjords grouillent de poisson, mais jusqu'ici aucune tentative n'a été faite. On n'a point encore songé non plus à chasser les baleines qui fréquentent les canaux Il ne saurait être question de se livrer ici à l'agriculture en grand. Dans les parties abritées de la zone forestière, l'avoine et le blé peuvent arriver à maturité au prix de grands soins ; mais ce sont là des cas exceptionnels. L'été est trop froid pour permettre une culture étendue des céréales. Aucune autre région aussi éloignée d'un pôle que la Terre de Feu ne se trouve dans une pareille situation. La pointe extrême de l'Amérique du Sud n'est donc pas précisément un Eldorado, seuls des gens énergiques pourront y faire fortune.

CHAPITRE XI

Le plateau de Las Baguales. — Du rio de Los Baguales au rio
Coyle. — Le guanaco. — Le nandou. — Perdus dans
la pampa.

Après avoir visité la côte Sud du lac Sarmiento,
l'expédition suédoise se dirigea vers le plateau
de Las Baguales. Sur le bord du rio de Las Baguales,
Nordenskjöld abandonna sa caravane et piqua droit
vers la montagne, accompagné seulement de deux
hommes. Très curieuse la vallée de ce rio, bordée
à l'Est par un escarpement de 1 000 mètres, cou-
ronné d'une nappe de basalte découpée en aspé-
rités fantastiques. Au fond du paysage les ba-
saltes se dressent également en une montagne
hérissée de pinacles et de tours, pareilles à un
gigantesque château du Moyen âge. Une des gravures reproduites ci-après montre un autre exemple
d'érosion au pico Deseado.

« ... Aucun arbre n'existe dans cette région,
raconte O. Nordenskjöld, il ne saurait donc être
question ici de limite supérieure de la végétation

forestière ; les dernières broussailles de *berberi*
dépassées, les premières neiges ne sont plus loin.
Nous établissons le bivouac, ce n'est ni long, ni difficile, nous n'avons point de tente, pour tout abri
nous ne possédons qu'un prélart. Heureusement un
beau ciel étoilé scintille au-dessus de nous dans le
calme profond du désert. »

Le lendemain continuation de l'ascension. Au-
dessus des premières neiges, le sol, tout impré-
gné d'eau, devient un bourbier. A chaque pas les
chevaux glissent et manquent de culbuter dans
quelque précipice. Soudain la monture du chef de
l'expédition fait un faux pas, elle va rouler dans
l'abîme, le cavalier n'a que le temps de lâcher
bride et étriers pour se jeter de côté ; abandonné à
lui-même, l'animal retrouve aussitôt son équilibre.
Il serait imprudent d'emmener plus loin les chevaux, et, abandonnant ses compagnons qui ne
sont pas précisément des alpinistes, Nordenskjöld
s'achemine seul vers le sommet de la montagne
(1,100 mètres), situé sur la crête séparant les eaux
atlantiques de celles qui s'écoulent vers le Pacifique par le fjord de l'Ultima Esperanza. De ce
point le panorama est grandiose, embrassant toute
une vaste portion de la Cordillère des Andes ; de
tous côtés ce n'est qu'un hérissement de colosses

neigeux découpés d'abîmes qui renferment d'étroites vallées.

Dans cette région les guanacos sont extrême-

CRATÈRE ÉRODÉ AU PICO DESEADO

ment abondants. Nulle part ailleurs au cours de ses excursions antérieures l'expédition n'en avait rencontré une telle quantité. Certaines montagnes grouillaient de troupeaux comptant plusieurs milliers de têtes. Le guanaco (*Auchenia Huanaco*) est le plus grand animal de la pointe extrême de l'Amérique du Sud. Sa taille atteint 1 mètre 60 et sa longueur 2 mètres 30.

Naturellement il est l'objet d'une chasse acharnée ; les indigènes, ne possédant pas d'armes à feu, le poursuivent à cheval avec des chiens. Seule la chair des jeunes est mangeable. Inutile de vouloir essayer de déchiqueter la viande des exemplaires adultes ; les plus solides mâchoires ne peuvent entamer un pareil morceau de cuir. Seule également la peau des jeunes est utilisable. Elle sert à fabriquer des manteaux dits *quillangos*, un des principaux articles d'exportation du pays. Treize peaux sont nécessaires pour la confection d'un tel vêtement ; à Punta-Arenas la valeur d'un beau *quillango* peut atteindre 50 francs. Pour toutes ces raisons on ne tue que les jeunes animaux et chaque année on en fait une véritable hécatombe. La chasse est pratiquée en décembre et en janvier ; elle est menée surtout avec ardeur par les Indiens qui trouvent dans cette industrie une source importante de revenus ; les blancs ne négligent pas non plus ce profit et à cette époque un certain nombre vont mener la vie du trappeur dans la pampa. Les troupeaux rencontrés par Nordenskjöld sur les crêtes de Baguales s'étaient probablement réfugiés au milieu des montagnes pour échapper à une poursuite acharnée. A quelque temps de là les explorateurs rencontrèrent du reste plusieurs campements de Patagons. Cette tribu si célèbre est aujourd'hui bien réduite. Ce sont de beaux hommes, vigoureux, bien découplés,

PITON BASALTIQUE DE LA SIERRA DE LAS BACUALES

bien différents de leurs misérables parents de la rive Sud du détroit de Magellan, mais ce né sont nullement des géants comme la légende s'est plu à les représenter.

Les Patagons vivent dans des tentes en peaux de guanaco, ou en toile, soutenues par des morceaux de bois ; au fond sont installés les lits de la famille et à l'entrée le foyer. Dressées sur le bord d'un petit ruisseau, à l'abri du vent, ces tentes constituent, en somme, des habitations relativement plus agréables que celles de nombre de colons. Ces indigènes sont nomades ; ce genre de vie leur est rendu d'autant plus facile qu'ils disposent de nombreux troupeaux de chevaux pour le transport des bagages. Nordenskjöld cite le cas d'un groupe de ces naturels qui possédait 400 chevaux magnifiques.

Les Patagons, se trouvant en relations constantes avec les blancs, sont aujourd'hui très civilisés. Des unions ont même lieu entre les deux races. De pareils mariages sont, il est vrai, calamiteux pour le colon. Les fils de la Pampa ont, en effet, l'habitude de venir s'installer chez les nouveaux mariés et de vivre à leurs dépens ; la coutume admet à prendre part à cette vie commune, non pas seulement la famille la plus proche de la femme, mais encore tous ses cousins jusqu'au quatrième et cinquième degré.

De la vallée des Baguales, l'expédition suédoise se dirigea vers la pampa, vers le rio Coyle, pour étudier dans cette région les steppes de la Patagonie. Un fort triste pays, constitué par une couche de cailloux, arrondis, polis par le vent ; en fait de végétation de petites plantes, basses et

PITON BASALTIQUE DE LA SIERRA DE LAS BAGUALES

rabougries, éclatantes, il est vrai, d'une floraison merveilleuse. Seulement au fond des vallons creusés à pic dans l'épaisseur de cette plaine, des pelouses égayent le regard. De temps à autre une lagune blanchit la tonalité neutre du sol, ponctuée de taches roses formées par des troupes de flamants. On approche et à la place d'une nappe d'eau on ne trouve le plus souvent qu'une couche de sel. A côté des flamants, on observe également des nandous. La chasse à cet oiseau est la passion des indigènes ; il fournit, en effet, une chair excellente, et ses plumes, sans valoir celles de l'autruche d'Afrique, se vendent encore un certain prix. Aussi bien, à la vue de ces oiseaux, deux des membres de la mission n'y purent tenir et partirent à leur poursuite, tandis que M. Nordenskjöld continuait sa route, laissant en arrière les bagages à la garde d'un homme. La liaison entre les deux parties de la caravane devait être obtenue au moyen de feux qui, dans ces plaines immenses, sont visibles de fort loin. Malheureusement, le soir la pluie survint et il fut impossible d'allumer un brasier. Le deuxième jour, ni chasseurs, ni bagages n'avaient encore paru ; il était donc de toute nécessité de se mettre à la recherche des égarés. Avec cela les vivres manquaient...

« Tandis que j'envoyais un homme, raconte notre voyageur, chercher des provisions chez le colon que nous avions quitté quelques jours auparavant, je battis l'estrade dans l'espérance de retrouver les chasseurs ; en même temps j'allumai un grand feu pour signaler notre présence aux retardataires. Bientôt toute une partie de la prairie fut en flammes. Il est sévèrement interdit d'user de pareils procédés, mais dans ce désert personne n'a cure des lois ni des règlements. Mes recherches étant demeurées inutiles, je continuai ma route. Une rude expédition à marches forcées à travers un désert, sans tente, sans autre combustible que des fumées de guanaco, sans autre nourriture que du riz et les produits de la chasse. Un homme ayant réussi à capturer un puma, ce fut presque l'abondance. Dans l'après-midi du troisième jour, nous rencontrâmes quelques moutons isolés ; évidemment nous approchions d'une localité habitée. Avec une nouvelle ardeur nous poursuivons donc notre route à travers la large vallée verdoyante du rio Coyle ; dans la soirée nous atteignons enfin l'établissement d'un éleveur. Le propriétaire est malheureusement absent et le gérant refuse de nous vendre quoi que ce soit. C'est la première fois qu'au cours de ce long voyage l'hospitalité la plus large ne m'est pas accordée. Enfin, après d'interminables pourparlers, je réussis à obtenir une marmite de graisse de mouton qui fit nos délices. Sur ces entrefaites le propriétaire arriva. Inutile de dire qu'il s'empressa de nous faire oublier l'accueil de son employé. Les nouvelles qu'il apportait nous rassurèrent sur le sort de nos camarades. Les chasseurs avaient été vus quelques jours auparavant, se dirigeant bien tranquillement vers Punta-Arenas.

« Nous demeurâmes un jour dans cette *estancia*, puis nous nous acheminâmes à notre tour vers ce port. Le voyage dura huit jours et n'offrit que peu d'intérêt. Le 19 janvier, nous faisions notre entrée dans Punta-Arenas. Au retour du désert, les cases toutes basses et les rues sales de la capitale des Terres Magellaniques font un effet presque grandiose et donnent la sensation de la rentrée dans le monde civilisé. »

CHAPITRE XII

Une excursion au Chili. — Le désert d'Atacama. — Ses richesses
minérales. — Les mines de Tamaya et de Condoriaco.

PENDANT l'hiver austral de 1896, M. O. Nordenskjöld interrompit son exploration de la
Terre de Feu pour entreprendre une course rapide au Chili.

Au cours de cette excursion il visita le désert
d'Atacama, une des parties les plus intéressantes
de cette république. L'Atacama renferme, dit-on,
dans l'Est, les plus hautes saillies du globe après
celles du Tibet et de l'Himalaya; mais ce qui donne
à ce pays son aspect typique, son faciès déser-
tique, c'est la rareté des précipitations atmosphé-
riques. Si, sur les bords de cette zone, on enre-
gistre une ou deux chutes de pluie par an, dans
l'intérieur, on ne compte que quelques ondées par
siècle. Dans un tel pays, la végétation est naturellement peu abondante, mais combien extraordinaire ! de gigantesques cactus, des plantes épi-
neuses, toutes basses, aux aspects difformes et

13

grimaçants. A une époque ancienne les pluies
furent cependant plus copieuses; les profondes
vallées, à sec aujourd'hui, qui sillonnent le pays,
n'ont pu, en effet, être modelées que par les actions
d'un ruissellement singulièrement abondant et
actif. Depuis, l'érosion atmosphérique a désagrégé
les sommets, couvert d'amas de blocs les versants
et les vallées; tous ces produits d'altération,
n'ayant pu être entraînés, demeurent en place
comme de gigantesques ruines. Encore un carac-
tère commun avec les régions pamiriennes et tibé-
taines. Sur la côte la présence de quelques haut
sommets détermine des précipitations plus fréquentes, mais en dehors de ces localités d'immenses espaces sont absolument secs et ne renferment que quelques petites oasis créées par de
minces filets d'eau issus des glaciers et des neiges
qui tapissent les flancs des grands volcans de la
Cordillère, comme le San José et les crêtes de la
ligne de partage des eaux *(Cerros del Divortium)*
ici très accentuées. Et cet épouvantable désert,
un des plus tristes et un des plus vastes de la terre,
contient des richesses minérales d'une fécondité
extraordinaire. Ce sol sur lequel rien ne peut
pousser recèle en abondance de l'or, de l'argent,
du cuivre, du fer, du plomb, du manganèse, du

LE VOLCAN SAN JOSÉ

soufre, du borax, etc., etc. L'argent et le cuivre
constituent les exploitations les plus rémunéra-
trices. Dans le Sud de l'Atacama et à l'Est de
Coquimbo, se trouvent les mines de Tamaya, le
plus riche gisement de cuivre du monde, dit-on.
Un chemin de fer relie Coquimbo à Ovalle, situé
à cinq heures de cheval de la mine. Les procédés
d'exploitation étaient, lors de la visite de
M. Nordenskjöld, extrêmement primitifs. La
mine appartenant à un grand nombre de propriétaires, chacun d'eux faisait travailler sans se
préoccuper de son voisin et sans nul souci d'obtenir le meilleur rendement. Pour ramener le
minerai d'un puits profond de deux cent cinquante mètres, point de machines ; on le hissait à
dos d'homme, dans des sacs en peau de bœuf;
ces sacs d'un poids énorme, des malheureux
devaient les transporter, en grimpant comme des
écureuils sur des échelles branlantes ou des roches
escarpées glissantes comme du verre.

Dans les mêmes parages sont situées les fameuses
mines d'argent de Chañarcillo, qui comptèrent
longtemps parmi les plus riches du monde. La
valeur totale de leur production s'est élevée, dit-on,
à sept cents millions. Aujourd'hui elles sont aban-
données. Non loin de là, aux environs de Condo-

riaco, de très importants gîtes métallifères se trouvent, tous dans de bonnes conditions d'exploitation. Condoriaco forme une petite ville minière composée de misérables cassines d'ouvriers ; dans un pays où la pluie et le froid sont inconnus, les indigènes ne sentent point le besoin de bonnes habitations. Ici les mineurs n'ont encore formulé aucune revendication, le droit à la grève n'a point été proclamé et les relations entre patrons et ouvriers sont restées patriarcales.

Dans la même région M. Nordenskjöld visita les importantes mines d'argent de Véteranas, puis revint à Serena sur le Pacifique. La distance entre les deux localités est de quatre-vingts kilomètres, mais combien difficile est la route, tantôt établie en longs lacets pour escalader un escarpement haut de huit cents mètres, tantôt taillée en balcon sur le flanc de falaises ou de traînées d'éboulis ! Néanmoins, grâce au bon marché des transports et de la main-d'œuvre, le minerai peut être exporté dans des conditions encore avantageuses.

M. Nordenskjöld visita ensuite Copiapo, une des plus jolies oasis de l'Atacama, entourée de vergers de *chirimoya*. D'après le jugement d'un grand nombre de voyageurs, le fruit de cet arbre serait le meilleur qui existe au monde. Des millions et

LOS CERROS DEL DIVORTIUM

MINE DE CUIVRE D'AMONALAS DANS L'ATACAMA

des millions ont passé par cette petite ville ; son importance économique est, d'ailleurs, mise en évidence par ce fait que, dès 1851, une voie ferrée y fut établie, la première construite dans l'Amérique du Sud.

De Copiapo, notre voyageur suédois alla visiter plusieurs exploitations, notamment celle d'Amolanas. Très curieux le pays traversé par le chemin de fer ; tantôt de tristes déserts de sable, tantôt d'âpres montagnes nues et desséchées. Dans la vallée du rio Copiapo, le terminus de la ligne est situé à l'altitude de mille mètres ; les mines sont situées à trente kilomètres de là, et à quinze cents mètres plus haut : elles produisent du cuivre.

Mais la plus grande richesse du Nord du Chili consiste dans les fameux gisements de salpêtre. Les plus riches se rencontrent dans la province de Tarapaca, ainsi que dans les parties centrales de l'Atacama. Le salpêtre se rencontre généralement à une profondeur d'un mètre.

CHAPITRE XIII

A une époque géologique relativement récente, pendant l'ère quaternaire, on sait qu'une grande partie de l'Europe était ensevelie sous une épaisse carapace de glace, pareille à celle qui recouvre aujourd'hui le Grönland. Toute la Scandinavie, une grande partie de la Russie d'Europe, l'Allemagne presque entière, l'Écosse et une notable fraction de l'Angleterre formaient une gigantesque mer de glace, tandis qu'autour des reliefs de nos pays se développaient de puissants glaciers. L'Amérique du Nord a, elle aussi, passé par cette phase extraordinaire. Le même phénomène s'était-il produit dans l'hémisphère austral ? Telle était la question que se posaient les géologues. Dans la Nouvelle-Zélande des traces certaines d'une ancienne extension des glaces avaient été relevées, mais peut-être est-ce là un phénomène local ? Cette île, très montueuse, est isolée, et l'allongement des glaciers pouvait avoir été déterminé par des circonstances spéciales, telles qu'une aggravation du climat dans cette région. Dans les terres magellaniques des massifs montagneux portaient des indices remarquables d'une ancienne glaciation. Cette glaciation s'était-elle étendue sur la plaine voisine? A cet égard les observations précises faisaient défaut.

M. O. Nordenskjöld a eu l'honneur de résoudre cette question particulièrement intéressante de l'histoire du globe et a reconnu que cette région avait, elle aussi, eu une période glaciaire. La plaine fuégienne se termine, sur l'Atlantique, par un escarpement, dont la hauteur varie de 30 à 70 mètres, qui constitue une superbe coupe géologique. Le premier examen de cet escarpement donna au naturaliste suédois la solution du problème. En effet, dans toute sa hauteur la falaise est constituée par de l'argile morainique que la glace, dans son mouvement d'écoulement, a entassée ici en masses énormes. Si l'on avance vers l'Ouest, on trouve, au pied de la Cordillère, un paysage non moins caractéristique résultant de l'action des anciens glaciers. M. Nordenskjöld a réussi à reconstituer les stades de la glaciation dans l'extrème sud de l'Amérique méridionale et a reconnu que ce phé-

TRANSPORT DU MINERAI DANS L'ATACAMA AU CHILI

nomène y avait éprouvé les mêmes phases que dans l'hémisphère Nord.

Avant cette invasion de glaces, quel était le climat de l'extrémité méridionale de l'Amérique ? L'expédition suédoise a également étudié cette intéressante question. La découverte de plantes fossiles en différentes localités indique qu'à cette époque la végétation était assez semblable à celle d'aujourd'hui. Toutefois la rencontre d'empreintes d'*araucaria* aux environs de Punta-Arenas semble indiquer que le climat était jadis plus chaud ; il devait être également plus humide. Ces plantes fossiles datent de la première moitié des temps tertiaires, de cette période durant laquelle toute l'Europe septentrionale et même les régions polaires étaient couvertes de magnifiques forêts vierges. De ces recherches poursuivies à la Terre de Feu il résulte que les variations de climat qui ont affecté l'hémisphère Nord se sont produites presque en même temps dans l'hémisphère Sud. Il y a donc eu un phénomène général et non point simplement local.

TABLE DES MATIÈRES

TABLE DES GRAVURES

LES TERRES DE MAGELLAN
d'après la carte
de
OTTO NORDENSKIÖLD

ATLANTIQUE
TERRE DE STA CRUZ
I. HANOVRE
DET DE MAGELLAN
I. de Desolation
ILES REINES
PEN. MUÑOS GAMERO
I. BRUNSWICK
TERRE DE FEU
Canal Beagle
I. Navarin
I. Hoste
CAP HORN
I. Londonderry
I. des Etats
C. Virgenes
Echelle 1:5.500.000
Itinéraire de O. Nordenskiöld
V. Huot

LIBRAIRIE HACHETTE & Cie

Collection de Voyages illustrés (form. in-16)

Chaque volume : broché. 4 fr. — relié en percaline. 5 fr. 50.

ABOUT (Ed.) : *La Grèce contemporaine* . . . . . . un vol.
ALBERTIS (D.) : *La Nouvelle Guinée* . . . . un vol.
AMICIS (De.) : *Constantinople* . . . . un vol.
— *L'Espagne* . . . . un vol.
— *La Hollande* . . . . un vol.
— *Souvenirs de Paris et de Londres* . . . . un vol.
BELLE (H.) : *Trois années en Grèce* . . . . . . un vol.
BOULANGIER : *Voyage à Merv.* . . . . un vol.
BOVET (Mlle M.-A. De) : *Trois mois en Irlande.* un vol.
CAGNAT (R.) et SALADIN : *La Tunisie.* . . . . un vol.
CAMERON : *Notre future route de l'Inde* . . . . . un vol.
CAROL (J.) : *Les deux routes du Caucase* . . . . un vol.
CHAFFANJON : *L'Orénoque et le Caura.* . . . . . un vol.
CHAUDOUIN : *3 mois de captivité au Dahomey.* . un vol.
CONWAY : *Ascensions et explorations dans l'Himalaya.*
— *L'Alpinisme au Spitzberg.* . . . . un vol.
COTTEAU (Edmond) : *De Paris au Japon.* . . . . , un vol.
— *Un touriste dans l'Extrême-Orient.* . . . . . . un vol.
— *En Océanie.* . . . . un vol.
DESCHAMPS (E.) : *Au pays d'Aphrodite : Chypre.* un vol.
FARINI (G.-A.) : *Huit mois au Kalahari* . . . . . un vol.
FONVIELLE : *Les affamés du Pôle Nord.* . . . . . un vol.
GARNIER (Francis) : *De Paris au Tibet* . . . . . un vol.
GERVAIS-COURTELLEMONT : *Mon voyage à la* Mecque
HARRY ALIS : *Promenade en Égypte* . . . . un vol.
HUBNER (Cte de) : *Promenade autour du monde.* deux v.
— *A travers l'empire britannique* . . . . deux v.
LABONNE : *L'Islande* . . . . un vol.
LARGEAU (Victor) : *Le pays de Rirha.* . . . . . . un vol.
— *Le Sahara algérien.* . . . . un vol
LECLERCQ : *Voyage au Mexique* . . . . un vol.
— *La Terre des Merveilles.* . . . . un vol.
MARCHE (A.) : *Trois voyages dans l'Afrique occid.* un vol.
— *Luçon et Palaouan* . . . . un vol.
MARKHAM : *La mer glacée du pôle.* . . . . un vol.
MONTANO (D') : *Voyage aux Philippines.* . . . . un vol.
MONTÉGUT (E.) : *En Bourbonnais et en Forez.* un vol.
— *Souvenirs de Bourgogne* . . . . un vol.
— *Les Pays-Bas.* . . . . un vol.
PFEIFFER (Mme) : *Mon second voyage autour du M.* un vol.
RABOT (Ch.) : *A travers la Russie boréale* . . . . un vol.
— *Au Cap Nord.* . . . . un vol.
— *Aux Fjords de Norvège* . . . . un vol.
RECLUS (Armand) : *Panama et Darien* . . . . . . un vol.
RECLUS (Elisée) : *Voyage à la Sierra Nevada*
de Saint-Marthe . . . . un vol.
ROUSSET (L.) : *A travers la Chine.* . . . . un vol.
TAINE (H.) : *Voyage en Italie* . . . . un vol.
— *Voyages aux Pyrénées* . . . . un vol.
— *Notes sur l'Angleterre.* . . . . un vol.
TANNEGUY DE WOGAN : *Voyage du canot en*
papier Le « Qui vive ! » . . . . un vol.
THOMSON (J.) : *Au pays des Massaï.* . . . . un vol.
THOUAR : *Explorations dans l'Amérique du sud.* un vol.
TUROT (H.) : *La guerre Gréco-Turque.* . . . . . . un vol.
UJFALVY-BOURDON (Mme DE) : *Voyage d'une*
parisienne dans l'Himalaya occidental. . . . . . un vol.
VANDERHEYM : *Une Expédition avec Ménélick.* un vol.
VERSCHUUR : *Aux Antipodes.* . . . . un vol.
— *Voyage aux trois Guyanes et aux Antilles.* . . un vol.
— *Aux colonies d'Asie* . . . . un vol.
VILLETARD DE LAGUERIE : *La Corée.* . . . . . un vol.

11-0

www.ingramcontent.com/pod-product-compliance
Ingram Content Group UK Ltd.
Pitfield, Milton Keynes, MK11 3LW, UK
UKHW021129220726
13924UKWH00004B/1977